감09 석재
GARM ISSUE 09 STONE

초판 1쇄 인쇄 2018년 9월 3일
초판 3쇄 발행 2022년 5월 31일

발행인	윤재선
편집장	심영규
에디터	정경화, 정신오
디자인	이경민
사진	이수연
교정·교열	하명란
발행처	에잇애플㈜
출판등록	2017. 4. 14.(제2017-000078호)
주소	06032 서울특별시 강남구 도산대로25길 36 3층
전화	02-537-1536
팩스	02-537-1532
전자우편	info@8apple.kr
홈페이지	garmmagazine.com
SNS	garm_magazine
	garmssi
ISBN	979-11-89485-03-0
	979-11-89485-00-9(세트)

- 파본이나 잘못된 책은 구입처에서 바꾸어 드립니다.
- 이 책은 저작권법에 따라 보호받는 저작물이므로 무단전재와 무단복제를 금지하며, 이 책 내용의 일부 또는 전부를 이용하려면 반드시 사전에 저작권자와 출판권자의 서면 동의를 받아야 합니다.
- 책값은 뒷표지에 있습니다.

Printed in Seoul, South Korea
All rights reserved. No part of this publication may be reproduced, stored in a retrieval system, or transmitted in any form or by any means, electronic, mechanical, photocopying, recording, or otherwise, without prior consent of the publisher.

감씨는 에잇애플에서 발행하는
건축재료 단행본 시리즈의
브랜드입니다.

GARM Magazine
감 매거진

아홉 번째 재료: 석재

garmSSI

Prologue

통찰의 건축

나는 건축가다. 35년간 외도 없이 설계하며 건축을 했다. 밤을 지새우며 하얀 종이가 연필심이 뭉개져 검게 될 때까지 그리고 지우고 버렸다. 한 장으로 귀결되는 생각을 찾아 수많은 종이와 시간을 흘려보냈다. 이런 '열정의 여정'을 통해 건축의 마지막 단까지 오를 수 있다고 믿었지만, 한참 지나 이 믿음이 오산이었음을 깨닫게 되었다. 그 누구도 이런 오류에 대해 말해준 적이 없었다. 되돌아가 다시 방향을 잡기엔 인생의 시간을 너무 많이 소비해 버렸다.

'건축의 꽃'이라는 설계에 중독되어 학교 설계실에서 20대를 보냈다. 사무소에서 실무를 하며 배운 설계는 실질적이지만 현장과 거리가 멀었다. 책상에서 배운 지식을 현실에는 어떻게 적용할지 피상적으로 대응하며 30~40대를 보냈다. 세월이 지나도 건축에 대한 이해는 제자리걸음이다. 전체에 치중하다 보면 부분을 놓치고, 부분에 집중하다 보면 전체가 흐트러졌다. 그 오류를 벗어날 방법을 찾으려 애썼지만, 알 수가 없었다. 복잡하고 방대한 '건축의 미로'에 갇혀버렸다.

세상은 보이는 것에 치중한다. 의미는 숨겨지고 자극적인 외피만이 진실로 추앙받는다. 내면을 들여다볼 여유도 없다. 보이는 것에 치중한 건축은 시야를 흐리고 편식한 지식은 자신을 베어버리는 칼이나 내면을 가리는 협잡꾼이 되기도 한다. 탄탄한 지식과 경험은 사물을 보고 분별하는 통찰력을 위해 반드시 가져야 하는 것이다. 통찰은 식견이자 안목이고 여러 분야의 지식을 통합해내는 지혜의 집결체다. 다양한 가치 사이의 충돌을 조화롭게 통합하여 나아갈 방향을 제시한다. 안목을 지닌 건축주는 통찰력 있는 건축가를 알아보고 시대를 꿰뚫는 계획을 알아본다. 그래서 그의 제안을 거절하지 못한다. 우리는 통찰력 있는 자를 원하고 그는 세상을 이기고 변화시킨다. 그 통찰력으로 건축의 내면과 외면을 꿰어보자. "구슬이 서 말이라도 꿰어야 보배"라는 속담처럼 그 내외 면을 꿰어낼 수 있는 '실'을 얻기 위해 지금까지의 방식을 멈추고 돈과 외형에 파묻혀버린 기본을 보자. 화려한 형태에서 벗어나 하나의 구성을 보자.

소재와 재료는 너무 방대하다. 한국의 현실을 반영한 자료는 찾기 어렵다. 체계적인 연구도 없다. 디자인을 배우려면 재료의 물성과 다룸에 대한 이해가 있어야 한다. 물성에 맞는 재료의 선택과 시공 상세를 사용해야 일체화되어 각자의 역할을 해낼 수 있다. 재료의 공간적 감성은 장소성이나 취향으로 이어진다. 때론 재료 본연의 역할을 색다르게 표현하고 다른 재료로 실험해서 혁신을 일으키기도 한다. 이런 창의력은 예술적 행위와 연관된다. 재료를 고찰하지 않는 작가가 훌륭한 결과물을 만들어내기란 쉽지 않다.

사람들은 돈으로 건물을 짓는다고 생각한다. 건축은 자본의 결과물이기도 하지만 건축주의 의지와 건축가, 기술자, 행정가 등 많은 사람의 비전과 가치가 투여되는 과정의 결정체다. 훌륭한 건축은 비싼 공사비가 아니라 일련의 과정을 통해 나온다. 면밀한 계획의 틀 속에 반드시 구현해내려는 목표와 의지가 진정한 과정으로 부응한 건물이 훌륭한 건축으로 발효될 수 있다. 결국 건축은 사람으로 귀결된다. 그 계획을 다루는 과정에서는 특히 통찰력 있는 자가 필요하다. 그래서 우리는 사람에 집중한다.

다시 희망해본다. 지금 하는 재료의 탐구 행위가 건축의 마지막 단계까지 다다르게 해주길 희망한다. 재료와 건축 간의 끊임없는 성찰의 시간이 통찰력 있는 건축인의 '실'이 되어주길 희망한다. 과거부터 미래, 의지에서 실현, 개인을 넘어 사회까지, 그리고 현재를 넘어서는 가치를 건축의 과정에 녹여 이 '실'로 꿰어보자. 그렇게 세상을 이기는 '통찰의 건축'을 꿈꾸는 안목을 지닌 건축인들이 배출되어 편협된 가치로 척박해진 이 땅의 건축을 보배로 거듭나게 해주길 기도해본다.

2018년 9월
발행인 윤재선

Editorial Letter

도시를 기억하는 재료

거대한 석회암 덩어리를 쌓아 만든 이집트의 피라미드, 누가 어떻게 만들었는지 여전히 수수께끼인 영국의 거석 기념물 스톤헨지, 페루의 잉카문명이 만들어낸 공중도시 마추픽추까지. 무언가를 숭배하고 기억하기 위해 제각기 다른 모습으로 지어진 이들 건축물에는 한 가지 공통점이 있다. 바로 석재다. 흙과 나무로 지은 주택과 궁전, 성당은 사라졌지만, 석재로 만든 기념물과 건물은 지금까지도 남아 당시의 기억을 전한다. 그렇다면 지금, 우리가 살아가는 도시의 석재는 어떤 모습일까?

매일 등교하는 학교 건물이나 출근하는 사무실 빌딩, 법원과 구 청사를 비롯한 관공서, 원룸으로 들어찬 빌라까지. 석재 건물은 의외로 붉은 벽돌로 지은 연립주택만큼 흔하다. 열에 여덟은 회색 바탕에 검은 점박이 무늬로 익숙한 화강암 패널을 사용한 건물로, 3~4층 빌라부터 고층 빌딩까지 규모와 관계없이 적용 방법은 비슷하다. 오늘날 석재 건물은 왜 이렇게 닮은 모습이 되었을까? 어떻게 하면 획일화된 풍경에 변화를 줄 수 있을까? 아홉 번째 감 매거진, 석재편은 이 질문으로 시작한다.

석재를 이해하는 네 가지 관점

오늘날의 석재를 이해하는 네 가지 주요한 키워드를 정해 어떻게 다양하게 쓸 수 있을지에 대한 해답을 다각도에서 찾아본다. 첫 번째는 '지역성'이다. 석재는 무거워 운반이 어려웠으므로 가까이에서 나는 것을 채취해 건물을 지었다. 나는 곳마다 색과 무늬가 다르다 보니 지역의 고유한 정체성을 드러내는 재료가 되었다. 생산업의 현황을 살펴보고 국내에서 나는 석종을 통해 우리나라 석재의 지역성을 돌아본다.

국내의 생산이 줄어들고 수입이 늘어나면서 유통 시장은 반대로 커졌다. 두 번째 키워드 '유통과 시장'에서는 어느 나라에서 어떤 석종을 들여오는지 시장의 현주소를 탐색한다. 또, 원하는 공간에 어울리는 제품을 고르는 방법을 전문가에게 묻는다.

'재료의 확장, 그리고 가공과 시공'은 구체적으로 석재를 어떻게 사용할 수 있을지에 관한 이야기다. 재료의 측면에서 석재를 응용하거나 모사하는 자재를 통해 새로운 활용 방법을 생각해보고, 표면을 어떻게 가공하고 시공하는지 전한다.

획일적인 석재 패널 건물이 많은 가장 큰 이유는 익숙함과 경제성이다. 쉽고 빠르게 짓기 위해 기존에 사용하던 석종과 규격, 시공 방식을 그대로 좇다보니 다양한 모습을 기대하기 어렵다. 하지만 석재는 얼마든지 다채로워질 준비가 되어 있다. 건축가 강대화(강대화디자인 대표)는 "석재는 비정형적인 모습으로 건축가의 상상을 실현하면서도 때로는 규격에 맞추어 실용적으로 쓸 수 있는 양면성을 지닌 재료"라고 말한다. 스위스의 건축가 피터 줌터가 설계한 발스 온천이 두꺼운 규암을 산속에 그대로 켜켜이 쌓은 모습으로 자연의 일부가 된 듯 무게감이 느껴진다면 영국의 건축가 노먼 포스터가 설계한 마카오의 애플스토어는 베일처럼 얇게 켜낸 석재를 사용해 빛을 은은하게 흩뿌린다. 두 작품은 같은 재료를 사용하지만 완전히 다른 방식으로 재료 본연의 아름다움을 살려 사람들의 마음을 사로잡는다.

도시의 흔적을 남기다

경주의 황룡사지를 방문해 드넓은 평원에 놓인 주춧돌을 보며 웅장하고 아름다웠을 신라 문명을 상상한다. 남겨진 석재가 오늘날 과거의 도시를 이해하는 흔적이 되었듯 우리 주변의 석재도 오래 남아 후일에는 오늘날의 도시를 추측하는 단초가 될 것이다. 시간이 지남에 따라 조금씩 변하기에 질리지 않고, 한편으로는 시간이 지나도 사라지지 않기에 도시의 기억을 남기는 석재의 모습을 다채롭게 만나게 되기를 기대한다.

책임에디터 정경화

이탈리아 토스카나 주에 위치한 카라라 지역은 세계적으로 유명한 대리석 산지다.

이탈리아 카라라 석산에서 채취한 대리석 원석이 쌓여 있는 모습.

원석은 적절한 크기로 재단하고
가공하는 과정을 거쳐 석재가 된다.

경기도 이천에 있는 일신석재 창고에
보관 중인 대리석 석재.

미스 반 데어 로에Mies van der Rohe가 설계한 바르셀로나 파빌리온Barcelona Pavilion(1929). 청록색 대리석, 황금빛의 오닉스와 트래버틴Sti03으로 마감해 석재의 아름다움을 다채롭게 드러낸다.

석재의 종류와 코드
구조재Sc
- 사암Sc01
- 안산암Sc02

외장재Sfe
- 화강암Sfe01
- 사비석Sfe02
- 현무암Sfe03
- 점판암Sfe04
- 규암Sfe05

내장재Sfi.
- 석회암Sfi01
- 대리석Sfi02
- 트래버틴Sfi03
- 사문암Sfi04
- 규장암Sfi05

기타 석재Set
- 부석Set01
- 응회암Set02

인조석Sar
- 시멘트계 인조석Sar01
- 수지계 인조석(인조대리석)Sar02
- 엔지니어드 스톤Sar03

GARM

ISSUE 09 STONE
Contents

Intro
Prologue 통찰의 건축

Editorial Letter 도시를 기억하는 재료

1. Story of Stone
1.1 History of Stone 석재의 역사: 가장 오래된 건축재료 … 20
1.2 Properties of Stone 석재를 이해하는 여섯 가지 키워드 … 26
1.3 Types of Stone 쓰임새로 알아보는 석재의 종류 … 30

2. Issue of Stone
2.1 Regionality of Stone 석재와 지역성 … 40
    Manufacturing of Stone 국내 석재 생산업의 현주소 … 42
    Regional Stone in Jeju 제주 건축에서 발견하는 현무암 … 48
        제주 풍경을 담은 돌집: 하늘고래 에이엔디 정의엽 대표
        현무암으로 숲 속의 편안한 배경을 짓다: 노형동 네오플사옥 네오마루 건축사사무소신 신호섭, 신경미 공동대표

2.2 Distribution of Stone 유통과 시장 … 62
    Reportage 국내 석재 유통 시장 취재기 … 64
    Choice of Stone 석재 선택 가이드 … 74
    Interview 더 가까이에서 만나는 대리석 토탈석재 민태식 대표 … 78

2.3 Expansion of Stone 재료의 확장 … 82
    Variation of Stone 석재의 응용과 변주 … 84
    Reportage 진화하는 석재 한화L&C 칸스톤P&D팀 황정석 팀장 … 88
    Interview 인간이 만든 석재, 또 다른 가치를 찾다 LG하우시스 표면소재 디자인팀 정유리 팀장 … 94

2.4 Application of Stone 가공과 시공 … 98
    Finish of Stone 석재 표면 마감 안내서 … 100
    Expression of Stone Finish 표면에 표정을 입히다 석재디자인연구소 히스핸드 … 106
    Construction of Stone 부위별 석재 시공법 … 108
    Book-matched Stone 원석의 무늬를 섬세하게 옮기다 … 114

3. Works of Stone
3.1 Interview 공간에 어울리는 물성과 질감을 찾다 디자인스튜디오 김종호 대표 … 118
3.2 Interview 오래된 재료와 새로운 방식의 조우 강대화디자인 강대화 대표 … 128
3.3 Interview 자연 그대로의 돌을 구축하다 ANM 김희준 대표 … 136

4. Supplement
석재 유통·가공 업체 정보 … 146

1

Story of Stone

History of Stone

석재의 역사: 가장 오래된 건축재료

글 정경화

석재는 흙, 목재와 더불어 인류가 가장 오래전부터 사용한 건축재료다. 자연이 만들어낸 단단함은 풍화와 마모에도 강해 오랫동안 변하지 않는다. 무겁고 가공이 어려운 것이 단점이었으나, 기술이 발달하면서 쓰임새는 더욱 늘어났다. 철근콘크리트와 철골구조가 발달한 이후에는 구조재에서 마감재로 변신하여 도시에 다채로운 표정을 만들고 있다.

권력을 드러내는 불변의 재료

인간이 석재를 이용한 역사는 석기시대부터다. 초기에는 암석을 떼어내 생활에 필요한 도구나 무기, 보석과 같은 귀중품을 만들었다. 문명이 발달하면서 조상과 신을 숭배하고 기록을 남기는 기념물을 만드는 데에 단단하고 오래가는 석재를 쓰게 되었다. 더 나아가 거석 조형물, 돌무덤 등을 만들어 권력을 드러내는 거석문화가 나타난다. 본격적으로 발달한 것은 신석기시대로, 영국 남부의 스톤헨지Stonehenge가 이 시기에 지어진 대표적인 거석 기념물이다.

청동기시대에 접어들어 금속 공구로 돌을 섬세하게 가공할 수 있게 되면서 석조 건축이 본격적으로 등장한다. 기원전 2650년경에는 이집트 사카라Saqqara에 세계 최초의 석조 건물인 조세르 왕의 피라미드Djoser Pyramid가 건설된다. 정육면체로 거칠게 다듬은 석회암Sfi01을 6개 층, 62m의 높이로 쌓아 만든 계단식 피라미드는 지금도 그 자리에 남아 있다.

종교, 권력과 만나며 석재문화는 눈부시게 발달한다. 고대 인도의 거대한 석조 건축물에서부터 이집트의 피라미드와 스핑크스, 메소포타미아 북부 지역과 페르시아의 신전 등 세계 곳곳에서 각 지역에서 나는 석재를 그곳의 환경, 문화에 맞추어 구축하는 방식이 발전했다.

철기시대에 접어들며 가공 기술은 더 다양해졌다. 특히 그리스는 완성도 높은 석조 건축으로 잘 알려져 있다. 지질학적으로 희고 질 좋은 대리석Sfi02이 풍부했으며, 이를 다루는 기술도 발달했다. 그리스인들은 회반죽으로 접착하는 대신 돌을 조립해 연결했으며, 뛰어난 조각 기술을 이용해 도리아식, 이오니아식 등의 양식을 구현하기도 했다. 파르테논 신전은 대리석의 부드러운 물성이 석공의 정교한 기술과 만나 만들어진 대표적인 작품이다.

석재와 구조 시스템

로마 시대에는 도시와 사회가 크게 확장되면서 대규모의 공공 공간이 필요해졌다. 자중에 비해 인장강도가 큰 목재와 달리 석재는 무겁고 인장강도가 낮아 기둥-보 구조로는 대규모 공간을 짓는 것이 불가능하다. 이 문제를 계기로 인류의 기술을 대표하는 아치 구조 시스템이 개발된다. 쐐기 모양으로 다듬은 석재를 반원형으로 이어 붙이면, 지붕의 하중은 각각의 부재에 인장력이 아닌 압축력으로 작용하여 벽과 기둥으로 분산된다. 콘크리트가 발명되기 전까지 이탈리아 고유의 화산석인 투파tufa, 석회암과 대리석이 아치 구조의 재료로 쓰였다. 질 좋은 석재가 풍부했던 그리스와 로마에서는 석재로 된 아치 구조가, 강 유역에 위치해 우수한 품질의 점토가 풍부했던 메소포타미아, 스웨덴이나 네덜란드에서는 벽돌로 만든 아치와 조적 구조가 발달한다.

아치 시스템이 수도교, 다리 등의 토목 시설, 목욕탕, 원형 경기장과 같은 대규모 공간을 만들어내며 도시는 급격하게 성장한다. 1세기 전반에는 프랑스 남부에 길이 270m의 가르교Pont du Gard가 건립되었다. 석회암으로 만들어진 아치는 49m에 달하는 높이로 3단에 걸쳐 세워져 있다.

더 넓고 높은 공간을 만들기 위한 노력과 함께 로마의 아치는 로마네스크의 볼트와 돔구조로 이어진다. 그리고 고딕시대에 다시 한 번 돌을 다루는 기술이 꽃피운다. 발달한 공학과 석공의 기술은 볼트를 보강하는 날카로운 리브 볼트rib vault를 만든다. 건물의 하중은 그물처럼 정교한 리브 볼트를 통해 거대한 기둥으로 분산된다.

(위쪽부터) 세계 최초의 석조 건물인 조세르 왕의 피라미드와 영국 남부에 있는 거석 기념물인 스톤헨지.

고대 로마 시대에 지어진 수도교인 가르교. 석회암으로 3단에 걸쳐 거대한 아치 구조를 만들었다.

독일에 위치한 쾰른 대성당Cologne Cathedral(1880)은 세계에서 세 번째로 큰 고딕 양식의 성당으로 외부는 조면암으로 마감되었다.

목조 건축의 형식을 석재로 구현한 불국사 다보탑.

벽은 하중을 지지하는 기능에서 벗어남에 따라 두께와 면적이 줄어들었고 비워진 부분은 색을 입힌 스테인드글라스stained glass로 채워지며 이전에는 없던 새로운 공간감을 만든다. 비잔틴, 로마네스크, 고딕건축을 거쳐 르네상스와 신고전주의 건축에 이르기까지 신전과 교회 등 기념비적 건물의 가장 중요한 재료는 석재였다.

석재를 바라보는 동양과 서양의 시각

서양의 석조 건축은 주로 묘나 신전이었다. 영혼이 사라지지 않는다고 믿었던 고대 이집트 사람들은 영원한 집인 무덤 건축에 관심이 많았다. 왕릉과 신전은 대부분 석회암, 화강암Sfe01을 재료로 지었고, 주두에 연꽃이나 파피루스 같은 식물의 형상을 정교하게 조각하여 아름다움을 더했다. 지금까지도 형태가 잘 보존되어 유적이 된 신전이나 묘와 달리 주택은 별로 남아 있지 않다. 당시의 주택은 햇볕에 말린 벽돌이나 나무, 갈대를 엮어 만들어졌기 때문이다. 오랫동안 변함없이 영원하기를 염원하며 사용했던 석재가 그 가치를 드러낸 셈이다.

국내에서 석재를 사용한 흔적은 기원전 9~4세기인 청동기시대로 거슬러 올라간다. 거북 모양의 화강암을 탁자 형태로 덮은 고인돌, 선돌, 얇은 판석을 짜맞추어 만든 돌널무덤 등이다. 서양에 비해 우리나라에서는 상대적으로 석조 건축의 필요성을 크게 느끼지 못했다. 석재는 주로 돌담이나 경사지의 흙이 쏟아지는 것을 막는 석축, 건물 기단부의 주춧돌, 디딤돌에 한정적으로 사용됐다. 성벽처럼 방어와 보호가 목적이 아니라면 목재가 노동력, 시간 등의 면에서 더 효율적이다. 또한 섬세하고 정교하게 가공할 수 있어 곡선미를 추구하는 한국의 건축에 알맞은 재료였다.

통일신라 시대에는 석굴암, 불국사 등 화강암을 다루는 기술이 꽃핀다. 석굴암(750)은 돌을 깎아 굴을 만들고 벽면을 섬세하게 조각해 엄숙하면서도 신비감을 자아낸다. 서양은 석조 건축이 자리 잡은 이후에 이를 목재로 표현하는 디테일이 생겼다면 한국에서는 석재로 목조 건축을 재현하는 기술이 발달한다. 불국사 다보탑(751)은 목조 건축의 형식을 석재로 구현한 대표적인 작품으로, 뛰어난 가공 기술을 느낄 수 있다. 통일신라 시대에 발달한 기술은 고려까지 이어져 다양한 불교예술을 구현했다.

서양과 비교했을 때 우리나라에 석재를 주 재료로 사용한 역사적인 건물이 많지 않은 데에는 지질학적 차이도 한몫한다. 석회암이나 대리석이 풍부한 서양과 달리 한국은 화강암과 섬록암 등 마그마가 땅속 깊은 곳에서 굳어져 만들어진 심성암이 지각의 대부분을 차지한다. 자연히 화강암을 이용한 건축물이 발달했는데, 화강암은 단단하고 가공이 힘들어 축조하는 데 더 많은 비용과 시간, 노력이 필요하다.

지금까지 남아 있는 근대 석조 건축 가운데 대표적인 건물은 조선 말기의 덕수궁 석조전(1910)이다. 영국의 건축가 하딩G.R Harding이 설계한 건물로, 19세기 서양에서 크게 유행하던 신고전주의 양식으로 지어졌다. 기단 위에 이오니아식 기둥을 세우고 중앙에 삼각형의 박공지붕을 얹은 형태로, 동대문 밖의 채석장에서 채취한 석재를 사용했다는 기록이 있다. 박공지붕 면에는 조선의 왕실을 상징하는 오얏나무 꽃이 조각되어 있다. 철근콘크리트 구조에 동대문 밖에서 채석한 화강암으로 마감한 한국은행(1912, 사적 제280호), 1층 바닥에 화강암을 깔고 벽에는 인조석Sar을 붙여 완성한 구 서울역사(1925, 사적 제284호)는 일제강점기에 일본이 르네상스 양식으로 지은 대표적인 건물들이다.

덕수궁 석조전은 신고전주의 양식으로 지어진 국내의 대표적인 석조 건물이다.

Story of Stone

영국의 구조회사인 아럽Arup은 새로운 석재 패널 시스템을 개발해 사그라다 파밀리아를 석재로 다시 지을 수 있게 했다.

아럽이 개발한 석재 패널 시스템은 과거의 순수한 석재 조적을 공장에서 제작하는 현대의 방식으로 더 정확하고 빠르게 구현한다.

석재의 현재와 미래

산업혁명 이후 철근콘크리트와 철골구조가 발달하면서 구조재로의 사용은 급격히 줄어든다. 1920년대에는 매우 얇은 석판이 개발되면서 본격적으로 마감재로 쓰이게 된다. 아돌프 로스Adolf Loos의 로스하우스Loos House(1911)는 얇은 치폴리노Cipollino 대리석 판재로 건물의 입면을 감싸 장식재로서의 석재를 극적으로 보여준다. 얇은 마감재가 되었지만 석재는 여전히 중후함과 본연의 무게감으로 대학교, 은행이나 법원, 공공 기관의 전통과 권위를 드러내는 재료로 쓰인다. 헤르초크 & 드 뫼롱Herzog & de Meuron의 도미누스 와이너리Dominus Winery(p.85 석재의 응용과 변주 참고)와 피터 줌터Peter Zumthor의 발스 온천Therme Vals(1996)은 자연석이 지닌 물성을 잘 살려낸 사례다. 스위스 동부 그라우뷘덴Graubunden 지역의 발스 마을에 위치한 발스 온천은 직육면체의 건물이 암반에 반쯤 묻힌 모습으로, 그 지역에서 나는 회색의 규암Sfe05을 사용해 자연 속에 자리 잡은 온천의 고요하고 신비로운 분위기를 구현했다. 프란츠 퓨에그Franz Fueg는 스위스 메겐Meggen의 비오 성당St Pius Church(1966)에 대리석이 빛을 투과하는 특성을 활용했다. 베일과 같이 반투명한 대리석 패널을 통해 햇빛이 실내로 은은하게 스며든다. 렌조 피아노Renzo Piano는 이탈리아 포자Foggia의 파드레 비오 교회Padre Pio Pilgrimage Church(2004)에서 석회암 블록으로 50m가 넘는 스팬의 아치를 만들어 석재 건축의 또 다른 정수를 보여준다.

벽돌, 콘크리트 등 대부분의 건축 재료는 공장에서 생산되지만 석재는 자연에서 비롯된다. 사람이 만들 수 없는 유한한 자원이라 더 가치 있고 시간이 지나도 질리지 않는다. 인공적인 방법으로 이를 흉내내기 위한 시도도 이어진다. 테라조처럼 돌가루와 백색 시멘트를 섞어 석재의 무늬를 흉내내거나 페인트 같은 아예 물성이 다른 물질로 모사하기도 한다. 석재 페인트는 돌의 질감과 무늬, 페인트의 발림성을 동시에 구현한다. 광물과 유기물을

피터 줌터가 설계한 발스 온천은 지역에서 나는 규암을 쌓아 만들어졌다.

섞어 만든 신소재인 인조석도 있다. 석재 가공 기술이 발달한 이탈리아, 스페인 등 유럽에서 먼저 개발했으나 한화L&C, LG하우시스 등 국내 기업도 기술력을 바탕으로 전 세계 시장을 장악하는 중이다(p.83 재료의 확장 참고).

런던의 구조 회사인 아럽Arup은 2014년부터 안토니 가우디Antoni Gaudi의 사그라다 파밀리아Sagrada Familia 프로젝트를 작업하고 있다. 석재를 조적으로 쌓거나 철근콘크리트 구조에 마감재로 사용하는 일반적인 방법은 자중이 무거워 이 건물에 적용할 수 없었다. 때문에 원래 재료였던 석재를 대신해 인조석과 콘크리트를 사용해왔다. 아럽은 미리 부재 내부에 응력을 만들어 강도를 높인 프리스트레스트Pre-stressed 석재 패널 시스템을 개발했다. 석재가 구조재와 마감재의 기능을 함께 하는 시스템으로, 풍하중이나 지진에 버티며 공장에서 사전 제작해 크레인으로 설치할 수 있다. 이렇게 자연이 만들어낸 석재는 인간의 손에서 주어진 한계를 극복하며 하이브리드 재료로 다시 탄생하고 있다.

Properties of Stone

석재를 이해하는 여섯 가지 키워드

글 정경화

인공적으로 만들어지는 벽돌, 콘크리트와 달리 석재는 땅이 주는 것에서 골라 써야 한다. 산지와 종류, 심지어 같은 석종이라도 성분과 조직 구조, 물성이나 외관에 차이가 있다. 그렇기 때문에 건축자재로 사용하기 위해서는 적절한 기준을 정해 특성을 파악해야 한다.

암석과 석재

땅속에 매장된 바위와 돌을 암석rock이라 하는데, 채석장에서 이 거친 돌덩이를 떼어 건축에 적합한 형태와 크기로 가공한 것이 석재다. 암석은 여러 광물로 이루어져 있는데, 육각기둥과 육각뿔이 합쳐진 형태의 흰색 결정으로 이루어진 석영, 부피가 크고 철, 마그네슘이 포함되어 있지 않아 밝은 장석이 대표적이다. 이외에 얇은 판으로 쪼개지는 흑운모, 어두운 각섬석 등이 있으며 이들을 합쳐 **조암광물**이라 부른다. 암석은 한가지 광물로만 이루어지는 경우는 드물고 대부분 여러 종류가 결합돼 있어 이들의 비율과 결합 상태에 따라 물성이 결정된다. 암석에는 여러 종류가 있으며, 대부분이 석재로 이용된다.

강한 정도
압축강도

강도는 압축강도, 인장강도, 휨강도 등이 있으나 석재의 강도는 주로 압축강도를 뜻한다. 압축강도와 비교하면 인장강도는 30분의 1에서 10분의 1 수준이고, 휨강도와 전단강도도 매우 낮기 때문이다. 따라서 석재를 구조재로 쓸 때는 주로 압축력을 받는 부분에 사용한다. 구성 입자의 크기나 공극이 작고, 결합 상태가 좋을수록 압축강도가 크다.

압축강도는 힘이 작용했을 때 변형되는 정도를 뜻하는 경도와 관련 있다. 일반적으로 강할수록 딱딱하기 때문에 강도가 클수록 경도도 크다. 경도가 크면 가공이 어려운 대신 마모가 적어 바닥재나 외장재로 쓰기에 좋다.

한국산업표준규격(KS F 2530: 2015)에서는 석재를 압축강도에 따라 경석, 준경석, 연석의 세 가지 유형으로 구분한다. **경석**에는 화강암Sfe01, 안산암Sc02, 대리석Sfi02, **준경석**에는 경질 사암, 경질 응회암이 있고 **연석**에는 연질 사암, 연질 응회암이 있다.

강도와 내구성의 척도
비중

일반적으로 겉보기 비중을 말하며 조암광물의 성질, 비율, 공극의 정도에 따라 달라진다. 석재의 비중은 보통 2.5~3으로 평균 2.65 정도다. 이는 물보다 2.65배 무겁다는 뜻이다. 현무암 Sfe03이 2.75~3으로 가장 비중이 높으며 응회암 Set02이 2~2.5로 가장 낮다. 강도는 비중에 비례하므로 비중을 알면 충격에 얼마나 강한지도 어느 정도 추정할 수 있다.

물을 흡수하는 정도
흡수율

공극률이 높은 다공질의 석재일수록 흡수율이 높다. 공극률은 부피에 대한 공극의 비율을 뜻하는데, 비중과 마찬가지로 석재가 생성된 지역이나 조암광물과 밀접한 관계가 있다. 지각 아래 깊은 곳에서 생성된 심성암과 같이 고압에서 만들어지면 공극률이 낮다. 완전히 건조한 상태와 공기 중에서 측정한 중량의 차이를 기준으로 계산한다. 화강암, 대리석, 사문암 Sfi04, 점판암 Sfe04 등은 0.1~0.4% 정도지만 안산암, 응회암 등은 0.5~7% 정도로 흡수율이 높다.

흡수율은 풍화나 내구성에 크게 영향을 미친다. 온도가 낮아져 석재에 스며든 물이 얼었다 녹기를 반복하면 작은 충격에도 쉽게 파괴되거나 취약해지는데, 흡수율이 높을수록 이러한 동해를 받기 쉬워 내구성이 떨어진다.

Story of Stone

불에 대한 저항성
내화성

석재는 기본적으로 불연재다. 그러나 내부에서 열이 불균일하게 분포하고 조암광물의 팽창계수도 서로 달라 불에 오랫동안 닿으면 균열이 생기고 파괴된다. 일반적으로 500℃ 정도까지는 거의 피해를 입지 않지만 이를 넘어가면 일부 석재는 급격히 파괴된다. 특히 화강암과 대리석은 내화성이 약한 편이다. 화강암은 약 500℃에서 금이 가고 색이 변하며 강도가 크게 떨어진다. 700℃ 정도가 되면 붕괴한다. 대리석은 약 500℃에서 색상이 사라지며 600℃가 넘어가면 가루가 된다. 안산암, 사암, 응회암 등은 1,000℃ 이하에서는 약간의 변색만 있을 뿐 강도는 그대로다.

오래 쓰는 비결
내구성

조암광물의 종류와 조직 구조에 의해 결정된다. 조암광물 중 석영이 많을수록 내구성이 높아지고, 운모가 많을수록 낮아진다. 또한 조암광물의 크기가 대체로 작고 고르며, 촘촘하게 조직되어 있을수록 높다. 후천적으로 쓰이는 장소의 기후나 외부 환경에 노출되는 정도 등에 따라서도 변한다. 예를 들어 석재가 풍화되면 내구성이 떨어진다.

내구성은 팽창계수를 측정하거나 빛이나 화학작용에 의해 변색하는 정도를 측정하는 퇴색 시험, 얼리고 녹이기를 반복해 이상이 있는지를 판정하는 동결 시험, 내화학성과 내화성 시험 등을 거쳐 종합적으로 판단한다. 석재가 퇴색되거나 분해되어 수리가 필요해지는 내구연한은 대리석은 60~100년, 화강암은 75~200년 정도다. 입자가 비교적 큰 조립 사암은 수명이 5~10년 정도로 짧은 편이지만 편마암은 짧게는 50년에서 길게는 수백 년을 지속하기도 한다.

화학물질을 견디는 정도
내화학성

물리적 성질 외에 화학적 성질도 중요한 요소다. 석재는 공기 중의 탄산, 약한 염산이나 황산류, 그리고 빗물에 의해 침식된다. 화학공장에서 나오는 가스나 매연의 영향도 받는다. 또한 공기 중의 습기를 빨아들이면서 팽창, 수축이 반복되어 풍화되기도 한다. 공기 중에서 이러한 침식이나 풍화, 용해가 반복되면 내구성이 떨어진다.

　석재 중에서도 연질의 사암, 응회암, 석회암, 대리석은 풍화에 약하고, 특히 석회암, 대리석, 사문암은 내산성이 부족하므로 외장재로 사용하는 것은 피하도록 한다. 대개는 석회 성분을 많이 포함할수록 내산성이 떨어진다. 화강암의 주요 구성 성분인 장석, 석회암의 주요 성분인 방해석 등은 주성분이 칼슘이라 산류를 포함한 공기나 물에 침식될 수 있으며, 금속을 함유한 광물은 산화작용에 의해 팽창, 붕괴될 수 있다.

Types
of Stone

쓰임새로 알아보는 석재의 종류

글 정경화

석재를 구분하는 가장 일반적인 방법은 지질학적인 생성 원인에 따른 분류다. 마그마가 굳어 만들어진 화성암, 광물이 물과 바람에 의해 쌓여 만들어진 퇴적암, 화성암이나 퇴적암이 열과 압력에 의해 변형된 변성암으로 나뉜다. 이 책에서는 건축의 주요 쓰임에 따라 구조재, 외장재, 내장재, 기타 용도로 나누고 인조석은 따로 분류하여 살펴본다.

구조재 Sc

모래가 굳어진 암석
사암 Sc01 (砂岩, sandstone)

물과 바람에 의해 운반된 모래가 물속에 쌓여 있다가 진흙이나 탄소 등에 의해 딱딱하게 굳어져 만들어진다. 입자가 곱고 균일하며 대부분 부드러운 연석이다. 질감이 거칠고 퇴적층을 따라 대리석 같은 부드러운 결이나 줄무늬가 나타나기도 한다. 광택을 낼 수 없어 대개 표면을 연마하지 않고 사용한다.

사암은 함유 광물의 성분에 따라 물성과 색상에 차이가 큰 편이다. 그중에서도 단단한 규산질 사암은 가공이 어렵지만, 내구성이 높아 구조재로 쓰인다. 주로 회색을 띠는 석회질 사암은 흡수율이 높아 동결에 약하며, 암색의 점토질 사암은 석질이 부드러워 내장재로 많이 쓰인다. 강도가 약해 가공이 쉽지만, 모서리 부분은 쉽게 마모될 수 있으니 주의하자.

국산 사암은 대부분 검은색으로 보령에서 나는 오석(烏石)이 대표적이다(p.46 지역명으로 불리는 국내의 석재 참고). 흰색이나 붉은색의 인도산 사암도 유명하다.

생성 원인에 따른 분류 **퇴적암**
용도 규산질 사암—구조재, 외장재
    연질 사암—내장재

가장 풍부하게 산출되는 화성암
안산암 Sc02 (安山岩, andesite)

안데스산맥의 화산지역에서 많이 발견되어 'Andesite'라는 영문명이 붙여졌다. 안산암이라는 이름도 중국에서 안데스산맥을 지칭하는 단어로부터 유래했다. 검은색, 갈색, 회색 등의 짙은 색을 띠며 강도와 경도가 높다. 석질이 치밀하며 내구성과 내화성도 우수해 구조재나 바닥재로 많이 쓰인다. 조직이나 색상, 무늬가 균일하지 못하고, 큰 부재를 얻기 어려운 것이 단점이다.

구성하는 광물의 성분에 따라 휘석안산암, 각섬안산암, 운모안삼암 등으로 종류가 나뉜다. 휘석안산암은 회색 또는 연분홍색으로 현무암에 가까운 성질을 지니며 구조재로 쓰인다. 각섬안산암은 휘석안산암보다 색이 연하고 장식재로 쓰인다. 신라 시대에 축조된 경주 분황사 모전 석탑은 안산암을 벽돌 모양으로 잘라서 쌓아 만들었다.

생성 원인에 따른 분류 **화성암**
용도 구조재, 외장재, 내장재

외장재 Sfe

오랫동안 변함없는 만능 석재
화강암 Sfe01 (花崗岩, granite)

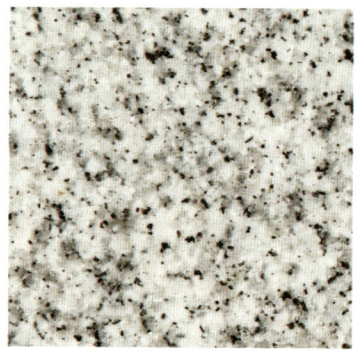

생성 원인에 따른 분류 화성암
용도 구조재, 외장재, 내장재

화강석, 쑥돌이라고도 불린다. 주로 장석과 석영, 운모로 이루어져 있으며 장석의 함유량이 많을수록 가공이 쉽고, 석영이 많을수록 단단하여 가공이 어렵다. 이들의 비율에 따라 검은색이나 회색 반점이 생기는데, 이 무늬가 '화강암'하면 떠오르는 주요한 특징이다. 색상은 구성 성분 중의 하나인 장석에 의해 결정되며, 회색, 검은색, 붉은색, 갈색 등으로 다양하다.

건축에서 가장 보편적으로 쓰이는 석재다. 흡수율이 낮고 내구성이 뛰어나 지면에 닿거나 기후변화가 큰 지역에서도 쓸 수 있다. 단단하기에 깎아서 조각하기가 어렵다는 점을 제외하면 사용 부위에 제한이 없으며, 마모가 적어 거울 같은 광택을 내는 물갈기를 비롯해 여러 표면 마감이 가능하다. 또한 무늬에 방향성이 없으며 절리[1]의 간격이 비교적 넓어 큰 판재로 생산할 수 있는 것도 장점이다. 그러나 내화성이 부족해 500℃가 넘으면 표면이 벗겨지기 시작하고 600℃에 이르면 붕괴한다.

브라질, 중국, 인도 등지에서 다양한 색과 무늬의 화강암이 수입되며, 국내에서 주로 나는 석종이기도 해 국산 화강암도 내외장재나 구조재 등 여러 용도로 쓰인다.

밝고 연한 황색의 화강암
사비석 Sfe02

생성 원인에 따른 분류 화성암
용도 외장재, 내장재

사비(さび)는 녹을 뜻하는 일본어. 일본에서 처음 사용하면서 녹이 나는 석재라는 의미로 사비석이라는 이름을 붙였다. 중국에서 나는 화강암의 종류 중 하나로, 국내에 들어오는 것은 대부분 푸젠성 샤먼에서 나며, 중국의 석재 분류 표기법에 따라 G682라는 이름으로도 불린다. 갈색이나 분홍색도 있지만, 대부분 황색으로 국산 화강암에서는 볼 수 없는 밝고 옅은 색이어서 외벽의 마감재로 많이 쓰인다.

전체적으로 비슷한 반점 무늬가 반복되어 차분하나 독특함은 적다. 경도와 내구성이 높지만 석재에 따라 색상의 편차가 커서 잘 골라 써야 한다. 이름대로 철분이 많아 녹이 생기는 것이 단점으로 심하면 짙은 갈색으로 변색되기도 한다.

구멍 송송 뚫린 표면
현무암 Sfe03 (玄武岩, basalt)

생성 원인에 따른 분류 화성암
용도 구조재, 외장재, 내장재

지상으로 분출된 용암의 표면이 빠르게 식으면서 굳어져 만들어진다. 용암이 식을 때 가스가 빠져나오면서 표면에 구멍이 생기는데 이 기공이 현무암의 대표적인 특징이다. 주로 화성암의 일반적인 구성물 중 하나인 사장석과 빛을 잘 반사하는 휘석, 마그네슘과 철을 함유한 감람석으로 이루어져 있다. 급속히 냉각되며 결정이 빠르게 형성되므로 입자의 크기가 작고 조밀하다. 보통 검은색이나 어두운 회색으로, 화강암과 마찬가지로 석질이 견고하고 내구성이 높다. 다양한 방법으로 표면을 마감하는 여느 석재와 달리 현무암은 갈아내도 광택이 나지 않고 거칠어 가공방법이 한정적이다.

예전에는 맷돌, 돌담 또는 주춧돌로 사용되었으나 요즘에는 바닥이나 벽의 마감재로 많이 쓰이며, 암면 같은 단열재의 재료로도 쓴다(p.85 석재의 응용과 변주 참고). 다공질이라 바닥재로 쓰면 투수 효과가 있는 것이 장점이다.

얇은 판으로 쪼개지는 석재
점판암 Sfe04 (粘板岩, slate)

점토로 된 납작한 판 모양의 암석이라는 뜻에서 붙여진 이름으로, 진흙이 굳어져 형성된 이암(泥岩, mudstone)이 다시 압력을 받아 만들어진다. 주로 검은색, 회색으로 석질이 조밀하고 견고하다. 가볍고 흡수율이 낮으며 대기 중에서 변색이나 변질이 잘되지 않는다. 특히, 얇은 판으로 쪼개지는 성질을 지녀 지붕재 또는 타일을 대신해 바닥재로 사용한다. 슬레이트는 점판암의 영문명이지만 건축 분야에서는 시멘트와 석면을 85대 15의 비율로 압착한 판재로 통용되고, 점판암은 천연 슬레이트라 부른다. 해외에서는 슬레이트를 synthetic slate라 부르거나 용도를 따와 roof tile이라고 한다. 우리나라에서는 점판암을 너와, 돌너와라 부르며 지붕재나 천장, 벽의 마감재로 널리 사용했다. 색과 무늬가 아름다운 것은 대리석을 대신해 쓰기도 한다.

생성 원인에 따른 분류 퇴적암계 변성암
용도 외장재(지붕재)

석영이 만들어낸 단단함
규암 Sfe05 (珪岩, quartzite)

사암이 높은 열과 압력을 받아 생성되며, 도로나 철도에서 보이는 자갈, 흔히 차돌이라 불리는 것이 바로 규암이다. 주요 성분은 석영으로, quartzite라는 영문명도 석영quartz에서 나왔다. 모래를 구성하던 다량의 석영 입자가 재결정되면서 공극이 적고 치밀한 물성을 만든다. 까끌까끌한 사암과 달리 견고하고 매끈하며 풍화에도 강하다. 흰색, 회색 등 옅은 색이 일반적이나 분홍색, 갈색, 검은색을 띠기도 한다. 단단해서 건물 벽이나 계단, 바닥, 지붕용 타일 등의 재료로 쓰이고 건축물의 골재로도 많이 사용된다.

피터 줌터가 설계한 스위스의 발스 온천(1996)은 주변 지역에서 나는 규암으로 만들어졌다. 이곳에서는 지붕의 재료로 많이 쓰이는데, 6만여 개의 규암을 겹겹이 쌓아 산속의 정교한 동굴과 같은 느낌을 냈다.

생성 원인에 따른 분류 퇴적암계 변성암
용도 외장재

내장재 Sfi

파스텔 색조의 조밀한 입자
석회암 Sfi01 (石灰岩, limestone)

건축에서 가장 흔하고 많이 쓰이는 석재 중 하나다. 화성암이나 동식물의 잔해에 포함되어 있던 석회분이 바닷물에 녹아 있다가 침전되고 굳어져 만들어진 것으로, 종종 화석이 남아 있을 때도 있다. 주성분은 탄산칼슘($CaCO_3$)으로, 입자가 곱고 조밀하다. 은은한 광택이 나며, 색상은 부드러운 흰색이나 아이보리, 회색이 대부분이지만 붉은색, 검은색도 있다. 다공질로 가공이 쉽지만, 화학적 성질은 취약하다. 내산성, 내화성이 부족하고 오염에도 약해 주로 실내의 마감재로 사용한다. 오염을 막기 위해 석회암 전용 발수제나 도막형 코팅제를 발라주는 것이 좋다.

알프스산맥을 비롯해 서유럽에는 석회암층이 곳곳에 분포되어 있어, 대부분 이 지역에서 수입한다. 유럽의 수돗물에 석회질 성분이 많은 이유가 바로 주요 하천의 수원지인 알프스산맥이 대부분 석회암으로 이루어져 있기 때문이다.

건축용 석재로도 많이 쓰였지만, 산업혁명 이후 포틀랜드 시멘트의 발명으로 사용 가치가 급격히 높아졌다. 석회암에 포함된 산화칼슘(CaO)이 시멘트의 주재료인 석회의 원료다. 또한 철광석을 제련하는 데에도 쓰인다. 지구 전체 매장량이 집계된 것은 아니나 수천년 동안 사용해도 충분한 양으로 알려져 있다.

생성 원인에 따른 분류 퇴적암
용도 내장재, 시멘트 원료

밝은색과 아름다운 무늬
대리석 Sfi02 (大理石, marble)

대리석은 중국 운남성 대리(大理)시에서 많이 산출된다고 하여 붙여진 이름으로, 석회암이 열 또는 조산운동[2)]에 의해 변성된 것이다. 주성분은 석회암과 마찬가지로 탄산칼슘($CaCO_3$)이지만 석회암보다 입자가 크고, 강도가 높다. 그러나 내화성이 낮으며 화학적 변화나 풍화에 약해 내장재로 사용한다. 시공 후에도 손상이나 오염이 생기지 않도록 꾸준한 유지관리가 필요한 까다로운 석재다.

산지와 구성 성분의 종류, 비중에 따라 물성이 다르고, 색상이나 무늬가 다양하다. 순수하게 탄산칼슘으로만 이루어진 것은 흰색이지만 다른 성분이 더해지면 색상이 변한다. 결이 곱고 특유의 아름다운 흐름 무늬인 베인vein이 매력적이며, 표면을 연마하면 광택이 나서 조각, 건축, 장식의 고급 소재로 널리 쓰인다.

국내에서 생산되는 대리석은 10여 종으로 산출량이 많지 않고 같은 산지에서 나더라도 물성이나 외관의 격차가 큰 편이라 대부분 유럽에서 수입한다. 그래서 가격대가 높은 편이다. 입자가 작고 조밀하며 불순물이 없는 하얀 대리석을 우수한 것으로 평가하는데, 이탈리아의 대리석이 대표적인 예다.

생성 원인에 따른 분류 퇴적암계 변성암
용도 내장재

용어정리

1) 절리 암석에 발달하는 불연속면 또는 갈라진 틈. 마그마가 굳으면서 일어나는 수축이나 외부의 압력에 의해 생긴다.
2) 조산운동 지각이 수평 방향의 힘을 받아 운동하면서 대규모의 습곡산맥을 형성하는 지각변동.

'본래 암석을 조성하는 광물은 '-석'이라 표현하고, 이러한 광물이 조합되어 암석의 유형이 되면 '-암'이라는 명칭을 쓰는 것이 정확한 표현이다. 책에서는 일반적으로 통용되는 '대리석'이라는 말을 사용했지만 사실 대리암이 올바른 표현이다.

벌레 먹은 듯한 구멍과 줄무늬
트래버틴 Sfi03 (travertine)

대리석의 한 종류이지만 무늬가 확연히 구분되고 건축재료로도 활발하게 쓰이고 있어 대리석과 별도로 구분하여 소개한다. 퇴적암에서 보이는 줄무늬나 황갈색의 얼룩무늬가 나타나고 벌레에 침식된 듯한 불규칙한 틈이 있다. 다공질이며, 내화학성이 부족해 외장재로 적합하지 않다. 대신 가공성이 뛰어나고 밝은 색상과 특이한 문양으로 고급 실내 마감재로는 최적의 조건을 갖추었다. 표면을 연마하면 평평한 부분은 광택이 나고 구멍 부분은 깊이감이 드러나며 그 아름다움이 더 살아난다. 이탈리아, 터키, 이란에서 주로 생산되며 이탈리아에서 생산되는 것이 가장 우수한 것으로 알려져 있다. 특히 티볼리Tivoli는 이탈리아 내에서도 고급 트래버틴 산지로 고대 로마 시대부터 사랑받아왔다.

생성 원인에 따른 분류 퇴적암계 변성암
용도 내장재

뱀의 무늬를 닮은 돌
사문암 Sfi04 (蛇紋岩, serpentinite)

감람암(橄欖岩, peridotite)이나 섬록암(閃綠岩, diorite)이 변성되어 만들어진다. 감람암은 치밀한 석질을 지닌 짙은 녹색의 화성암으로, 광택이 강하지만 내후성이 약해 주로 실내 마감재로 쓰인다. 섬록암은 회색을 띠는 화성암으로 매우 단단해서 조각이나 연마하기가 어렵다.
　암녹색 바탕에 검은 반점이 있는 모습이 뱀의 무늬를 닮아 사문암이라는 이름이 붙여졌다. 반대로 검은색이나 보라색 바탕에 암녹색의 점이나 얼룩이 있는 경우도 있다. 색상이 녹색이나 붉은색, 갈색, 노란색으로 독특하고 외관이 아름다우나 강도가 낮다. 내산성이 떨어지고 풍화에 약해 감람암과 마찬가지로 실내에서 대리석을 대신하여 많이 쓰인다.

생성 원인에 따른 분류 화성암계 변성암
용도 내장재

장석이 만드는 밝고 역동적인 무늬
규장암 Sfi05 (硅長岩, felsite)

주로 장석과 석영으로 이루어져 있다. 영문명은 장석질의 암석을 뜻하는 이탈리아어고 규장암이라는 단어도 장석으로 된 암석이라는 뜻이다. 대부분 흰색이나 연한 회색 등 밝은색을 띤다. 미세한 화산재가 모여 만들어지므로 입자가 매우 조밀하다. 내구성이 높고 내후성, 내산성 등 전반적인 물성이 우수해 외장재로 쓰이며, 높은 온도에서 구워내면 흰색이 되어 도자기 중 백자의 재료로도 이용된다. 동유럽의 아르메니아 공화국에서 들여온 규장암은 아트월이나 화장대, 식탁 상판으로 많이 쓰인다.

생성 원인에 따른 분류 화성암
용도 외장재, 내장재

Story of Stone

기타 석재 Set

물에 뜨는 돌
부석 Set01 (浮石, pumice)

화산이 폭발할 때 나오는 분출물 가운데 지름이 4㎜ 이상인 암석으로 가벼운 돌이라는 뜻의 경석이라고도 불린다. 흰색이나 연한 회색, 담홍색 등 밝은 색상을 띤다. 스펀지 상태의 구조로 다공질이며 풍화에 매우 약하다. 채굴되는 부석의 대부분은 경량 콘크리트 골재로 쓰이는데, 이는 물에 뜰 정도로 가벼워서다. 또한 내산성이 강하고 열전도율이 작아 방산, 방열 재료로도 쓰인다. 분쇄했을 때, 입자의 면이 예리해 연마제로도 사용된다. 로마 시대에는 부석을 석회와 섞어 콘크리트를 만들고 건물을 지었다. 오늘날의 주요 산출지 또한 이탈리아로 전 세계 물량의 절반 정도가 난다.

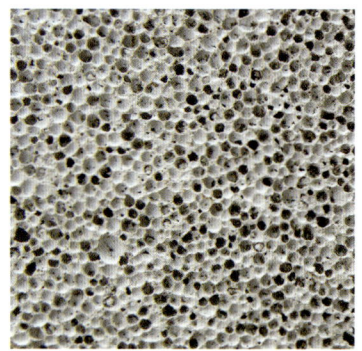

생성 원인에 따른 분류 화성암
용도 경량 콘크리트 골재

화산재가 굳어져 만들어진 석재
응회암 Set02 (凝灰岩, tuff)

화산에서 분출된 미세한 화산재가 쌓여서 굳어지거나 암석의 부스러기와 섞여 만들어진다. 영문명인 tuff는 구멍이 많은 암석이라는 뜻으로 화산 분출물로 된 암석을 의미하는 라틴어인 tofus에서 유래했다. 하류까지 충분히 운반되지 않고 바로 퇴적되어 입자가 모가 나고 불규칙하다. 색상은 회색, 엷은 녹색 등이 있다. 작은 공극이 많고 흡수성이 높아 풍화나 변색되기 쉽다. 무르고 가볍기 때문에 가공이 쉬워 고대 건축물의 재료로 많이 사용되었으나, 강도가 높지 못해 요즘에는 건축보다는 경량골재, 내화재 등 토목용 재료나 석회를 만드는 데에 사용된다. 입자가 조밀한 것은 숫돌로도 쓴다.

생성 원인에 따른 분류 화성암
용도 구조재(기초석, 조적석재, 석축재 등)
     토목용 재료

주요 석종의 특징

주요 용도 특징	구조재 Sc		외장재 Sfe				내장재 Sfi				기타 석재 Set
석종	사암 Sc01	안산암 Sc02	화강암 Sfe01	현무암 Sfe03	점판암 Sfe04	규암 Sfe05	석회암 Sfi01	대리석 Sfi02	트래버틴 Sfi03	사문석 Sfi04	응회암 Set02
구분	경질 사암 (준경석) 연질 사암 (연석)	경석	경석	경석	경석	경석	경석	경석	준경석	경석	경질 응회암 (준경석) 연질 응회암 (연석)
압축강도(MPa)	26~66	101~164	147~190	240~400	138~160	150~300	75~240	115~209	20~60	72~117	8.4~36
흡수율(%)	0.2~10	0.55~6.99	0.1~0.4	0.1~0.3	0.18~0.25	0.2~0.5	0.1~3	0.02~0.25	2~5	0.18~0.4	1.3~2.0
비중	2.0~2.7	2.36~2.88	2.61~2.72	2.9~3	2.71	2.6~2.7	2.6~2.9	2.68~2.75	2.4~2.5	2.75~2.9	2.0~2.5
열전도율 (kcal/mh℃)	2.3	1.5	2.8	3.5	2.2	3.5	2.3	3.5	2.3	3.5	2.3
내마모성 ($cm^3/50cm^3$)	9~35	-	5~8	5~8	-	7~8	15~40	15~40	20~45	8~18	10~35

인조석 Sar

공장에서 만든 가벼운 돌
시멘트계 인조석 Sar01

석재의 색과 무늬를 구현하기 위해 돌이나 광물에 다른 물질을 혼합해 인공적으로 만든 것을 총칭하여 인조석이라 한다. 그중에서도 시멘트계 인조석은 대리석, 사문암, 화강암 등을 부수어 만든 조각과 백색의 포틀랜드 시멘트, 그리고 안료를 섞고 물로 반죽하여 만든다. 이 반죽을 틀에 넣고 진동기로 다져서 경화한 후에 표면을 가공하고 연마하여 완성한다. 자연석과 비슷하면서도 가벼운 것이 장점이다. 특히 대리석을 종석으로 만드는 것이 최근 유행하는 테라조(감06 바닥재편 참고)다. 아파트 입구, 웨딩홀 등에서 유럽의 건물을 본따 만든 듯한 화려한 몰딩, 열주가 있는 외관을 볼 수 있다. 여기에 쓰이는 마감재료도 시멘트계 인조석의 종류 중 하나로, 대개 인조라임스톤으로 불린다.

용도 외장재, 내장재

인조대리석으로 익숙한 재료
수지계 인조석 Sar02

시멘트 대신 아크릴이나 불포화 폴리에스테르수지 등 합성수지를 사용한다. 광물과 합성수지를 배합하고 안료와 첨가제를 더해 만든다. 걸쭉한 제형의 혼합물에 열을 가해 판재 형태로 성형한 후 열을 식히고 딱딱하게 굳혀 완성한다. 시멘트계보다 굳는 속도가 빨라 짧은 시간에 높은 압축강도를 얻을 수 있다. 대부분 대리석이나 화강암의 무늬를 모사하다 보니 인조대리석이라는 용어로 더 익숙하게 불린다. 주방 싱크대나 테이블 상판으로 접하는 인조대리석이 대부분 여기에 속한다.

용도 외장재, 내장재, 가구 상판

천연석보다 더 강한 물성
엔지니어드 스톤 Sar03 (engineered stone)

엔지니어드 스톤은 다이아몬드 다음으로 경도가 높은 광물인 석영을 주원료로 만든다. 원재료를 섞고 납작하게 다져 판재 형태로 만든 후 높은 압력과 열을 가해 굳힌다. 석재를 닮아 자연스러우면서도 공극이 거의 없고 강도나 흡수율 등 전반적인 물성이 천연석을 능가한다. 대부분이 광물로 구성되므로 무게는 석재와 큰 차이가 없다. 요즘에는 주방 싱크대나 식탁의 상판에 인조대리석을 대체하여 사용되고 있으며, 상업 공간의 고급 바닥재로도 쓰인다.

용도 내장재, 바닥재, 가구 상판

Story of Stone

2

Issue of Stone

Issue 1

Regionality of Stone

석재와 지역성 글 정경화

무거운 암석은 운반하기가 어려워 과거에는 가까이에서 나는 것을 채취해 건물을 지었다. 나는 곳마다 특성이 다른 석재는 각 지역에서 오랫동안 쓰이면서 자연히 주변의 환경과 지역성을 드러내는 재료가 되었다. 이번 장에서는 국내 석재 생산업의 현주소를 알아보고, 지역의 특징을 뚜렷하게 보여주는 제주의 현무암 건축물을 통해 지역성을 드러내는 재료의 모습을 살펴본다.

Manufacturing of Stone
국내 석재 생산업의 현주소

글 김건기
(재단법인 거창화강석연구센터 센터장)

국내의 석재는 포천, 거창, 익산 등지에서 풍부하게 나는 화강암Sfe01과 제주의 현무암Sfe03으로 대표된다. 일부이지만 정선이나 평창에서는 대리석Sfi02도 난다. 예전에는 수출을 할 정도로 생산이 활발했지만 이제 석산은 그리 많지 않다. 국내에서 생산되는 석재를 알아보고 더 나아가 생산업의 현황, 활성화를 위해서는 어떠한 노력이 필요할지 살펴본다.

석재의 쓰임

석산에서 채취된 암석은 건축용과 도로포장용 판석, 토목용 경계석과 조경석, 조형물을 제작하는 공예용 등 다양한 용도에 적합한 형태의 제품으로 생산된다. 특히 건물의 내외장재로 쓰이는 건축용 판석은 고유한 색상과 무늬, 그리고 표면의 질감을 처리하는 방법에 따라 다채로운 모습으로 변하며 건물의 외관과 분위기를 좌우한다. 표면 처리 방법은 연마, 버너구이, 잔다듬, 줄다듬, 혹두기 등이 있다. **연마**는 연마석을 이용하여 광택이 나도록 매끈하게 갈아내는 방법으로 내장재에 많이 쓰인다. 반면 날망치나 기계로 표면을 쪼는 **잔다듬**은 주로 외장재에 쓰인다. **버너구이**는 표면에 열을 가하여 거칠게 가공하는 방법으로 잔다듬과 마찬가지로 외장재에 주로 쓰이는데 비용이 더 저렴하다. **줄다듬**은 줄톱으로 표면에 줄을 내는 방법이고 마지막으로 **혹두기**는 표면을 울퉁불퉁한 혹 모양으로 쪼는 것으로 주로 전통 건축에 사용된다(p.101 석재 표면 마감 안내서 참고).

한국산업표준규격에서는 압축강도 50㎫, 비중 2.5 이상, 흡수율 3% 이하인 석재를 경석으로 구분해 이를 건축용으로 허용하고 있으며, 한국석재공업협동조합은 제주의 현무암을 제외한 국산 석재에 대해 이보다 높은 80㎫ 이상으로 단체표준을 정해 품질을 관리하고 있다.

국내의 석재

산지관리법 제2조 4호에서는 석재를 석산에서 채취하여 건축용, 공예용, 조경용, 골재용, 토목용으로 사용하는 암석으로 정의하고 한국산업표준규격에서는 포천석, 거창석처럼 지역 명칭 뒤에 '석'을 붙여 세부적으로 분류한다.

국내에서 생산되는 건축용 석재는 암석의 종류에 따라 화강암, 섬록암, 반려암, 흑색사암, 현무암 등으로 나눌 수 있다. 국산 화강암은 바탕 색상에 따라 백색 바탕에 검은 반점이 있는 백색 계열과 분홍색 바탕에 검은 반점이 있는 분홍색 계열로 구분한다. 백색 계열의 화강암은 건축용으로 가장 많이 생산, 판매되는 석종이다. 포천, 익산, 거창에 풍부하고 각각 포천석, 익산석, 거창석이라 불린다. 이외에 가평석, 동해석, 남원석, 상주외남석, 안동석이 있다(p.46 지역명으로 불리는 국내의 석재 참고). 익산석은 낭산면과 함열읍, 황등면에서 생산하고 있어 이를 따로 낭산석, 함열석, 황등석이라 지칭하기도 한다.

분홍색 계열은 건물의 일부분에 디자인을 강조하는 요소로 쓰이며 운천석, 상주화북석, 장흥홍석이 있다. 섬록암은 녹회색으로 고흥, 담양 등 전라남도에서 풍부하게 생산되고

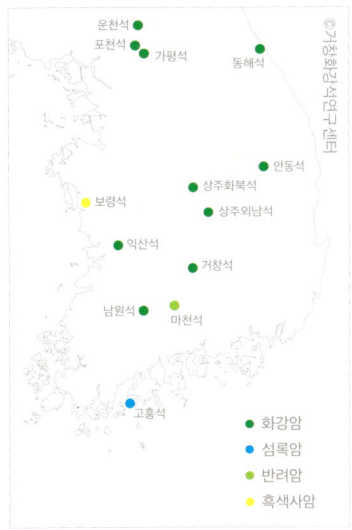

국내에서 생산되는 석재의 지역 분포도

Issue of Stone

대한민국 국보 1호인 숭례문. 2008년 화재로 소실된 부분은 기존의 석재와 가장 유사한 포천석을 정다듬하여 복원했다.

국내의 석재 생산업체는 표면을 가공하거나 다양한 색상을 접목하는 등
새로운 제품을 개발하고자 노력하고 있다.

고흥에서 나는 고흥석이 대표적이다. 반려암은 검은색 계열로 함양군 마천에서 생산되는 마천석이 유일하다. 오석이라고도 불리는 흑색사암은 보령석으로 묘비나 간판 등에 많이 활용되며, 현무암은 제주도에서 생산되고 주로 지역 내에서 쓰인다.

석재산업의 위기

건축용 석재산업은 1970년대 이후 일본에 수출을 시작하면서부터 발전하여, 1980년에는 3억 3천만 달러를 기록하며 일본에 수출하는 국가 중 수출량 1위를 달성한다. 1986년 서울에서 열린 아시안게임, 1988년 열린 올림픽을 계기로 건물이 대형화, 고급화되면서 국내시장에서의 수요도 커져 1990년대에 전성기를 이루었다. 그러나 이후 중국산 제품이 국내시장에 유통되면서 수출국에서 수입국으로 바뀌었고 생산의 규모는 점차 줄어들었다.

관세청 수출입 통계자료에 따르면 수입되는 석재의 약 90%는 중국산으로, 대리석과 화강암을 비롯하여 다양한 종류가 수입된다. 그중 일부는 국내에서 생산되는 포천석, 거창석, 고흥석, 마천석 등과 색상, 무늬가 비슷하여 육안으로는 차이를 구분하기 어려운 데다가 가격도 더 저렴하다. 일부 업체는 이러한 점을 악용해 저렴한 가격에 무분별하게 수입한 후 국산으로 원산지를 바꾸어 판매하기도 했다. 내부적으로는 석산 개발에 대한 소음, 진동, 비산먼지 등의 환경 규제가 강화되었다. 인건비, 유류비 등의 생산비용이 높아지면서 석산을 운영하는 것에 대한 경제적 부담이 커졌고, 그 수는 급격하게 줄어들었다.

위기의 극복

한국석재공업협동조합은 중국산을 무분별하게 수입하고 원산지를 바꾸는 문제를 해결하고자 정부에 청원을 넣었고, 2010년 석재는 대외무역법에 따른 원산지 표시 대상 물품에 포함되었다. 또한 한국석재공업협동조합과 (재)거창화강석연구센터는 암석 내에 포함된 자성을 띠는 광물의 함량을 측정하여 중국산과 국산 석재를 분석하고 판별하는 기술을 개발했다. 기술을 활용해 국산 석재에 대한 연구 자료를 축적하고 소비자에게 원산지를 검증하는 서비스를 제공하는 등 실질적인 해결책을 제시하고자 노력하고 있다.

조합은 2012년 산업표준화법에 따라 자연석 판석, 자연석 경계석, 조경석의 단체표준을 정했다. 국산 제품의 품질을 전반적으로 높이고 시장에서 제품의 표준화를 이루기 위한 방안이다. 조합에서는 생산공정을 관리하고 제품 시험을 통해 지속적으로 품질을 관리하는 업체에게 인증을 부여하고 있으며 현재 165개 업체가 이를 획득했다.

석재 생산업체들은 경쟁력을 높이기 위해 단순히 채석하여 생산하는 것 외에 워터젯으로 표면을 빗살무늬로 가공하는 기술을 개발하거나, 무기 안료를 접목해 다양한 색상의 제품을 개발하는 등 새로운 분야를 개척하고 있다.

국내의 산업이 발전하기 위해서는 석재를 환경을 파괴하는 산업이 아닌 산업 자원으로 인식할 필요가 있다. 양질의 원석이 분포하는 지역을 대상으로 채석과 관련된 허가를 완화해 원자재 생산이 원활해져야 한다. 시장에서는 제품의 표준화와 품질을 높이는 방법을 고민하고, 업체는 중국산과 차별화하면서도 분야를 넓히는 디자인과 기술의 개발에 힘써야 한다.

김건기
재단법인 거창화강석연구센터
센터장

2012년 7월부터 재단법인 거창화강석연구센터 책임연구원으로 근무하였으며 현재는 센터장을 맡고 있다. 석재 분야 국제공인 시험분석기관을 운영하고 있으며 한국석재공업협동조합 단체표준 인증위원과 관세청 원산지 국민감시 단원으로 석재산업과 관련된 업무도 함께 한다.

지역명으로 불리는 국내의 석재

국산석은 대부분 지역명을 딴 이름으로 통용된다. 수입 석재의 경우 중국 포천석, 중국 고흥석류처럼 비슷한 색상과 무늬를 지닌 국산석의 이름을 따와 수입 국가명과 함께 표기하기도 한다. 국산석의 색과 무늬를 알아두어 석재를 고를 때 참고해보자.

사진제공(⑤외) 거창화강석연구센터

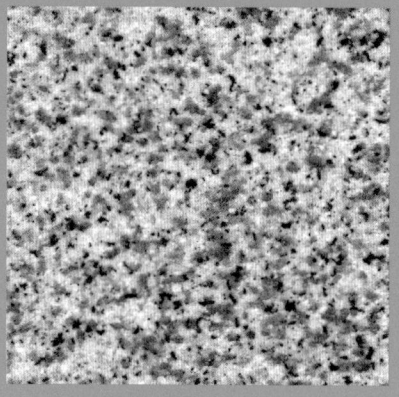

① 가평석
경기도 가평에서 나는 화강암. 유색 광물이 적어 색이 밝은 편이고 철분의 함유량이 낮아 시간이 지나도 변색이 거의 없다. 내외장재, 바닥재 등에 적합하다.

② 거창석
경상남도 거창에서 나는 화강암. 밝은 회백색으로 색상이 깨끗하고 전체적으로 입도와 조직이 균일하다. 마모가 적고 풍화에 강해 실내 바닥을 비롯한 내외장재, 계단재, 보도석, 공예용 등으로 두루 쓰인다.

③ 고흥석
전라남도 고흥에서 나는 섬록암으로 입자가 치밀하며 조직에 결함이 적다. 색상은 어두운 회색이 많고 그 외에 녹회색, 녹색, 청록색 등으로 대체로 짙다. 단위중량이 높은 편이지만 표면이 견고하며 흡수율이 낮아 내외장재를 비롯해 바닥재, 공예용 등에 사용한다.

④ 마천석
경상남도 함양군 마천에서 생산되는 반려암. 주로 사장석, 흑운모, 휘석으로 이루어져 있고, 운모에 의해 무늬가 결정된다. 철분의 함유량이 높아 검회색이나 암회색의 매우 어두운 색을 띤다. 색이 진하고 어두워 오염이 잘 드러나지 않고 차분하면서도 무게감을 준다. 외장재 외에 걸레받이나 바닥재의 포인트용으로도 쓰인다.

⑤ 보령석
충청남도 보령에서 나는 흑색사암. 색이 매우 까맣다고 하여 오석(烏石)이라고도 불린다. 1㎜ 이하의 미세한 결정으로 이루어져 있으며, 조직이 균일해 물이 잘 스며들지 않는다. 단단해서 잘 깨지지 않지만 다듬거나 새기기도 어렵다. 그러나 한번 다듬어 놓으면 시간이 지날수록 표면에 윤기가 더해져 기념비, 비석이나 조경석으로 쓰인다.

⑥ 상주석
경상북도 상주에서 나는 화강암으로 회백색 바탕의 상주외남석, 분홍색 바탕인 상주화북석의 두 종류가 있다. 실내 바닥재나 계단재, 구조재로 쓰이며 풍화에 강해 외장재로도 무난하다. 상주화북석과 유사한 분홍 바탕의 석재로 문경석이 있었으나 2008년 이후로 국내에서는 생산이 중단되었다.

⑦ 익산석
전라북도 익산에서 나는 화강암으로 석영, 장석, 흑운모 등의 광물로 이루어져 입자가 조밀하다. 석산이 위치한 지역에 따라 낭산석, 황등석, 함열석으로 나뉜다. 낭산석과 황등석은 회백색이며 함열석은 좀 더 색이 짙다. 황등석은 내외장재나 구조재로 쓰이며, 가공이 쉬워 공예나 조각에도 쓰인다.

⑧ 포천석
경기도 포천에서 나는 화강암으로 바탕의 색상에 따라 회백색과 담홍색으로 나뉜다. 대개 붉은색의 장석류가 다량 함유되어 거창석과 문경석의 중간 정도인 연분홍빛을 띤다. 입도와 조직은 거창석과 유사하며, 서울과 가깝고 매장량도 많아 건축자재로 가장 많이 쓰인다.

Regional Stone in Jeju
제주 건축에서 발견하는 현무암

글 김석윤
(건축사사무소 김건축 대표)

돌은 제주의 지역성을 단적으로 보여주는 건축 요소다. 돌이 풍부하고 바람이 거센 자연환경과 재료의 수급이 어려운 섬이라는 지리 조건은 전통 건축인 낮은 돌집을 만들어냈다. 교통이 발달하고 재료에 대한 수요가 늘어나며 예전보다 외부에서 수급하기가 쉬워졌지만, 제주의 대표적인 화산암인 현무암Sfe03은 여전히 활발하게 쓰인다.

폴 자크 그릴로Paul Jacques Grillo의 저서, 『디자인이란 무엇인가』의 내용 가운데 석재에 관한 이야기는 흥미롭다. 그는 소재와 건축의 관계를 넘어 사회, 문화와의 연관성까지 관찰한다. 실제 프랑스 서북지방의 연질 석회암지대인 캉Caen 평원과 인접한 편마암 지대인 코탕탱Cotentin반도의 건축은 전혀 다르다. 부드러운 석회암Sfi01을 조각해 만든 캉 평원의 화려한 건물은 단단한 편마암이 대부분인 코탕탱 반도에서는 발견하기 어렵다. 주민의 특성이나 농산물도 전혀 다르다. 한쪽은 목초지와 과수원이 많은 데 비해 다른 한쪽은 보리밭 지대이며, 평원 지대에는 문맹이 많으나 반도 지역에는 유명한 대학교가 있고 많은 문학가를 낳았다.

거친 제주의 돌, 현무암

제주도는 돌의 고장이다. 삼다도라는 별명은 돌과 바람, 여인이 많다는 뜻이다. 일제강점기에 김능인(金凌人)이라는 필명으로 쓰여진 '제주도행'에서는 제주석을 이렇게 표현한다. "이곳처럼 돌이 많은 곳이 또 있을까요. 길과 산에도 돌, 집과 지붕에도 돌. 조선에 돌이 많은 곳이 여러 곳 있지요. 해주에도 상당한 양이 있고 개성, 경상남도 언양 부근에도 꽤 많습니다. 그러나 제주도의 10분의 1도 못 따라갈 것입니다. 그런데도 하나도 반갑지 않은 것은 해주나 개성의 돌처럼 빛이 희고 모양이 고운 것이 아니라 강원도 철원에서 보이는 검고 고석박이인 그 돌입니다. 한라산이 화산이었을 때에 부스러져 온 듯하며 좌우간 많은 것만은 기가 탁탁 막힐 지경입니다."

제주의 돌은 화산의 분출물인 마그마가 냉각되고 굳어져 만들어진 '검고 고석박이인 그 돌', 현무암이다. 제주도 해안지대와 곶자왈 대부분의 표층을 덮고 있는 다공질 현무암은 조직이 세밀한 조면질 현무암에 비해 모양이 곱지 않고 성질이 강하다.

반짝여야 보석인데 제주 현무암은 반짝임이 없어 화려하거나 귀하게 보이기는 틀렸다. 오히려 빛을 흡수하는 성질이라 겸손함이 읽힌다. 조직이 무르고 강도가 약해 단정한 비례가 어울리며, 기공이 있어 세밀한 표현이 불가능하다. 제주를 대표하는 조형물인 돌하르방의 독특한 아름다움은 현무암이라는 소재미가 형태와 일치한 데서 비롯된다. 주인공보다는 배경이 어울리고, 특히 자연과 함께 있을 때 아름답다. 다른 돌처럼 차갑지 않고 돌이 지닌 여러 이미지 중에서도 우직하게 제 분수를 지키는 모습이 특히 두드러진다. 돌하르방의 표정에서는 달관의 경지가 읽히고 제주인의 색다른 심성이 느껴진다면 지나친 비약일까?

돌하르방의 독특한 아름다움은 현무암이라는 소재미가 형태와 일치한 데서 비롯된다.

제주 현무암은 고유한 지역성을 드러내는 재료로 제주의 건축에서 활발하게 쓰인다. 사진은 유민미술관.

제주도 서귀포시 대정읍에 위치한 강병대교회. 제주 현무암으로 외벽을 쌓았다.

제주현대미술관은 두께가 얇은 현무암을 층층이 쌓은 모습으로 직조한 듯한 결이 느껴진다.

현무암과 제주 건축

돌이 많아 삼다도지만 건축에 돌을 이용한 것은 소극적이었고, 공법은 거칠었다. 한옥에서 화재가 번지는 것을 막기 위해 흙과 섞어 방화장을 쌓거나 거칠게 다듬어 건물 기둥을 받치는 주춧돌, 발을 디디고 오르내리는 디딤돌에 활용하는 정도였다. 조선 중기 유적인 관덕정(觀德亭, 보물322호)의 축대는 잔다듬한 현무암을 높이를 맞추어 한 켜 한 켜 치밀하게 쌓았다. 당시에 흔치 않던 바른층쌓기 공법으로 제주 고유의 거친 모습과는 거리가 있다. 본격적으로 제주의 현무암을 쓴 것은 1930년대 중반 일본군의 군사기지 시설이다. 군 막사는 서양의 근대건축 공법이 제주에 최초로 도입된 유물로 터를 평평하게 고르는 기구인 큰 달고를 이용해 기초를 다지고, 모르타르로 고정하며 석재로 벽을 쌓은 후 왕대공 트러스를 올렸다. 이 새로운 공법은 해방 이후 1950년대 초에 걸쳐 관공서와 학교, 교회에 쓰였다. 근대유산으로 지정된 일본군 막사와 강병대교회(1952), 구 대정 면사무소(1955), 그리고 한림성당(1954)의 종탑은 모두 제주 현무암으로 지어져 근대건축의 토속미를 전한다.

1960년대 초는 모더니즘건축이 상륙한 시기로, 당대의 한국 건축을 이끌던 건축가들이 제주 현무암의 아름다움을 새롭게 보여줬다. 건축가 김태식은 구 제주관광호텔(1962) 정면에 전통 완자창의 문양을 응용한 방법으로 쌓았다. 건축가 김중업(1922~1988)은 지금은 철거된 구 제주대학교 본관 최상층의 박물관(1967)에 현무암을 불규칙하게 쌓고 모르타르로 고정하는 제주 토속 공법을 접목하여 고유한 아름다움을 표현했다.

1970~80년대에는 관광지로 활발히 개발되면서 지역성을 지키기 위한 논의가 시작되고, 건축과 경관심의기준에서 제주의 현무암을 활용하는 정책이 시행된다. 이에 따라 석재의 수요가 늘어나고 가공생산이 기계화되면서 제품이 규격화되고 다양해진다. 제주민속자연사 박물관(1984)은 이 시기의 대표 건물로, 철근콘크리트 구조이지만 벽과 지붕에 현무암을 쌓아 마감해 제주의 고유한 물성을 드러낸다.

2000년대에는 건식 공법이 보편화되고 대형으로 석재를 가공할 수 있게 된다. 운반 과정에서 크기와 무게의 제약이 사라진 점은 현무암이 지역성을 표현하는 주요한 수단으로 자리잡는 데 큰 역할을 했다. 건축가 승효상의 보오메 꾸뜨르 부티크 호텔(2004)과 필자가 설계한 제주현대미술관(2007)은 현무암을 전에는 없던 새로운 방법으로 표현했다. 전자는 언뜻 바코드가 연상되며 디지털 감성이 느껴지고 후자는 직조된 듯 빛에 반응한다.

지금까지 건축에서 지역성의 표현은 그곳에서 나는 돌을 사용하는 것이 해답이었으나 이는 이미 학습된 쉬운 방법에 불과하다. 흔히 돌을 침묵, 불변의 재료로 읽어내지만 제주의 현무암은 대부분의 돌과는 성질이 달라 특이하다. 이 돌이 지닌 은유와 상징을 확장하는 것이 건축에 지역성을 구현하는 지름길이다. 제주 현무암이 가진 표현 언어와 더불어 시공 디테일에 대한 학습과 실험이 지속되어야 한다.

관덕정의 축대는 현무암을 바른층쌓기 공법으로 치밀하게 쌓았다.

건축가 승효상이 설계한 제주 보오메 꾸뜨르 부티크 호텔.

김석윤
건축사사무소 김건축 대표
건축사사무소 김건축 대표로 건축 작업을 하며, 제주건축가회장, 제주도건축사회장을 역임했다. 대표 작품으로는 제주현대미술관, 한라도서관, 제주웰컴센터가 있다. 저서로는 『제주체: 건축의 섬, 제주로 떠나는 현대건축여행』이 있다.

Case 1

제주 풍경을 담은 돌집

하늘고래

벽면과 지붕을 따라 현무암Sfe03 판석을 조각조각 붙여 완성한 제주 하늘고래. 세장하게 가공한 석재는 표피처럼 건물을 얇게 감싸며 둥근 형태를 고스란히 드러낸다. 건축가 정의엽(에이엔디 대표)이 현무암을 색다르게 사용한 방법을 들어보자.

새롭지만 낯설지 않은 제주집

구멍 뚫린 현무암이 층층이 쌓인 돌담과 나지막한 건물, 그리고 푸른 바다로 대비되는 제주의 풍경. 협재리 바닷가 마을에 이러한 풍경을 닮은 집 한 채가 들어섰다. 건축가 정의엽이 설계한 하늘고래다.

완만하게 경사진 골목을 따라 걷다 보면 현무암 판석이 둥그런 형태를 따라 붙여진 담장이 먼저 눈에 띈다. 담장은 거친 바닷바람을 막아주고 풍경은 받아들이면서 자연스레 건물의 일부가 된다. 바다가 보이는 쪽의 높이는 눈높이보다 낮지만 둥근 선을 따라 점점 높아진다. 건물 두 개 층을 덮을 만큼 높아진 담장은 내부 공간을 품는 두꺼운 벽의 역할을 한다. 콘크리트로 만든 1층의 외부 경사로도 담장을 따라 함께 높아지고 넓어지며 2층 테라스의 바닥이 된다. 담장과 경사로, 건물은 모두 하나로 이어진다. 정의엽은 "딱딱한 직선보다는 부드러운 곡면이 제주의 지형이나 오름과 닮아 어울립니다. 대지의 형태대로 살짝 찌그러진 자연스러운 원형의 담장을 만들었어요"라고 말한다.

짙은 현무암과 반짝이는 금속이 만드는 입면

담장을 덮은 짙은 회색의 현무암 판석은 오름을 닮은 곡면과 함께 제주의 특성을 드러내는 중요한 요소다. 시공 면적이 넓다 보니 제주에서 나는 현무암은 자재비와 시공비가 많이 들어 중국에서 수입한 하이난활석을 대신 사용했다. 하이난활석은 두께가 20㎜로 얇아 가격이 저렴하면서도 골조 위에 바로 붙일 수 있어 시공성이 좋다. "현무암의 색과 질감은 기공의 모양과 밀도에 따라 달라집니다. 주변 담장의 돌과 어울리도록 기공이 너무 크거나 규칙적이지 않은 것으로 골랐어요." 특히 석재는 무늬와 질감이 제각기 달라 작은 크기의 샘플을 보고 건물 전체에 시공되었을 때의 느낌을 파악하기 어렵다. 자칫 잘못하면 기대한 느낌과 다를 수 있으니 기공의 패턴이나 무늬의 크기를 미리 꼼꼼히 살펴보고 판단해야 한다. 구매할 때 원하는 양보다 넉넉하게 주문하는 것도 중요하다. "특히나 얇은 제품은

가로 폭이 100, 150, 200, 300㎜인 네 종류의 다른 판석을 사용해 곡면을 효과적으로 표현했다.

외부 경사로는 담장을 따라 높아지고 넓어지며 1층의 처마이면서 2층 테라스의 바닥이 된다.

배송 중에 깨지기도 하니 이를 감안해야 합니다." 곡면을 잘 살리기 위해 규격에도 변화를 주었다. 높이는 600㎜로 같지만 가로 폭이 100, 150, 200, 300㎜로 더 좁으면서 네 가지로 달라 입면이 다채롭다. 판석 사이에는 얇은 금속을 붙였다. "원초적인 자연의 재료와 반짝이는 다른 재료가 만나 친숙하면서도 새로운 느낌이 들어요." 햇빛을 받으면 입면의 금속은 짙은 회색의 거친 질감 사이에서 비늘처럼 반짝인다.

시공할 때는 '방수'가 큰 숙제였다. 현무암은 기공이 있어 물이 스며든다. 그래서 습식 공법으로 시공하면 스며든 물이 모르타르나 콘크리트 골조의 시멘트와 반응해 하얀 가루가 생기는 백화현상이 일어날 수 있다(감02 벽돌편 p.68 참고). 이를 막기 위해 석재를 붙일 때 압착시멘트 대신 석재용 접착제를 사용하고, 표면에 발수제를 골고루 발랐다. 지붕도 마찬가지로 방수가 중요해 방수면 위에 무근콘크리트를 타설한 후 판석을 붙였다.

"석재는 두께나 질감을 어떻게 조절하느냐에 따라 다양한 표현이 가능합니다. 하지만 비용이 부담스러운 것이 현실이에요. 특히 규격이 커지면 비용이 많이 늘어납니다." 재료와 예산의 한계 속에서도 적절한 대안을 찾아가며 완성한 이 집은 새로우면서도 제주를 닮은 모습으로 이곳에서의 시간을 차곡차곡 담고 있다.

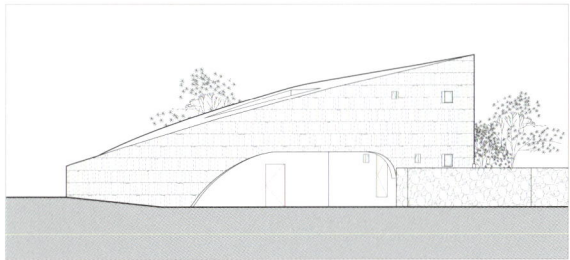

남측 입면도

정의엽
에이엔디 대표

2010년 에이엔디AND를 설립하여 건축, 인테리어, 가구를 비롯한 다양한 규모의 프로젝트를 진행하고 있다. 현대의 문화와 기술적 변화가 잉태하는 새로운 거주환경을 구축하고자 하며, 한국적 건축의 특이성을 번식하고 건축 성능을 혁신하는 데 집중한다. 2011년 한국건축가협회가 수여하는 올해의 건축 베스트 7, 2017년 아메리칸 건축상(AAP)을 수상하였으며, 2012년 한일 현대건축 교류전 <같은집 다른집>, 2017년 베니스비엔날레 등의 전시에 참여하였다.

하늘고래

설계	정의엽
위치	제주도 제주시 한림읍 협재리
대지면적	321.37㎡
연면적	98.27㎡
규모	지상 2층
구조	철근콘크리트
마감	현무암 판석
완공	2015년 11월
사진	에이엔디

사용한 석재
하이난활석
규격	100, 150, 200, 300×600×20㎜
유통사	보성스톤

Issue of Stone

Case 2

현무암으로 숲 속의
편안한 배경을 짓다

노형동 네오플사옥
네오마루

단순한 형태와 주변 환경에 녹아드는 소박한 재료로 만든 네오플사옥. 제주를 닮은 한적한 모습의 이면에는 건축가의 치밀한 계획과 세심한 재료 선정, 시공사와의 긴밀한 협업이 숨어 있다. 건축가 신호섭(건축사사무소신 공동대표)이 재료를 고르고 시공 방법을 고민한 과정을 따라가 본다.

빌딩숲 대신 자연숲에 지은 사무실

제주 노형동에 위치한 네오마루는 IT 기업인 네오플Neople의 사옥이다. 원래 고층 빌딩이 가득한 서울의 강남 도심에 있었으나 더 나은 업무 환경을 위해 제주로 사옥을 옮기기로 결정했다. 설계를 맡은 건축사사무소신SHIN architects의 건축가 신호섭은 IT 기업이 갖는 세련된 이미지보다는 제주다운 소박함을 담고자 했다. 절제된 형태에 물성이 강한 제주 현무암Sfe03을 외장재로 사용해 완성한 사옥은 한적한 자연과 어울린다.

사각형 모양의 건물에 변화를 주는 요소는 경사진 입면이다. 층마다 줄맞춰 뚫린 창의 위아래로 비스듬히 기대선 입면에는 쾌적한 환경을 조성하기 위한 고민이 담겨 있다. "채광을 조절하고 환기량을 늘리기 위한 방법이었어요." 창이 닿는 입면에 경사를 두어 빛이 들어오는 양을 조절하고, 경사면에서 반사되는 간접광을 받아들인다. 또 깊이감을 주기 위해 창을 현무암 패널보다 300㎜ 넘게 안으로 들이다 보니 프로젝트창이 열리는 각도에 한계가 생겼는데, 닿는 면을 비스듬하게 처리해 창이 열리는 각도를 늘렸다. 공간의 용도에 따라 개구부의 크기나 필요한 환기량, 채광량이 달라지므로 각각의 조건을 고려해 경사면을 결정했다.

주변의 배경이 되는 재료와 건물

"석재는 오랜 시간에 걸쳐 만들어져 안정감이 느껴지는데, 그런 점이 이곳과 어울렸어요. 그래서 일찌감치 건물의 외장재로 정해졌지요." 석재를 고를 때에는 진하고 어두운 색의 마천석과 밝고 화사한 색감의 석재, 그리고 제주 현무암의 세 가지 대안이 있었다. 최종적으로 부드러우면서도 거친 질감의 현무암을 쓰기로 결정했다. 그는 그 이유에 대해 거친 질감이 주는 아름다움과 색감의 변화가 인상적이었다고 답한다. "햇빛이 좋은 날에는 바짝 말라 밝은 회색빛인데 비가 오면 물을 먹어 어둡고 깊어져요." 또한 단면을 잘랐을 때 색감이나 공극의 밀도가 비슷한 편이어서 전체적으로 통일감을 준다. 재료의 비용과

입면의 재료로는 질감이 아름답고 날씨에 따라 색감의 변화가 인상적인 제주 현무암을 선택했다.

단열재의 손상을 최소화하기 위해 원통형의 앵글받침 부자재로 기존과 다른 방식의 구조물을 만들었다.

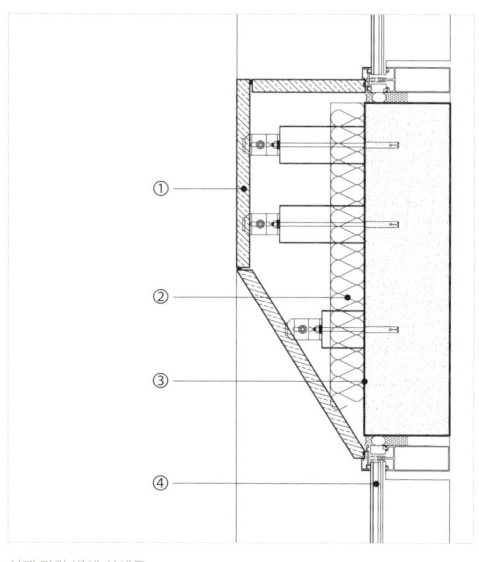

석재 마감 벽체 상세도

① 30㎜ 현무암 판석
② 80㎜ 압출법보온판 1호
③ 콘크리트 견출면
④ 24㎜ 로이복층유리

건축사사무소신
SHIN architects

2010년 신호섭, 신경미 공동대표에 의해 서울에서 설립되었다. 다양한 규모와 프로그램을 다루는 흥미로운 작업을 통해 건축의 복합적인 가치들을 구현해나가고 있다. 근작으로 창2동 청소년시설 위드, 제주 네오플사옥, 제주 넥슨어린이집 등이 있다.

수급도 선택에 한몫했다. 유통 비용이 추가되다 보니 육지의 자재가 제주에서는 더 비싸다. 원하는 물량만큼 수급할 수만 있다면 현지에서 나는 자재를 쓰는 것이 유리하다. "제주에서 석재를 전문으로 공급하는 비교적 오래된 회사들을 몇 군데 추천받았어요. 채석지와 가공공장까지 직접 둘러보고 공급업체와 시공사를 결정했습니다." 크기는 최대한 자재의 규격에 맞추어 길이는 1,200mm보다 짧게, 높이는 400~600mm 내에서 경제적으로 정했다.

시공할 때에는 입면의 깊이감을 효과적으로 구현하면서 하자가 적게 생기는 방법을 고민했다. 창에 깊이감을 주기 위해 석재와 콘크리트 벽체 사이에 300mm 넘게 간격을 띄우다 보니 석재를 지지할 트러스 구조물을 따로 만들어야 했다. 트러스는 단열재를 파내고 앵커를 박아 골조에 고정한 후에 우레탄폼으로 파낸 부위를 메우는데 이 과정에서 단열이 깨진다. 이번 작업에서는 원통형의 석재앵글 받침 부자재를 이용해 다른 방식의 구조물을 만들었다. 하중을 지지하면서도 단열재를 파내지 않고 드릴로 구멍만 뚫으면 설치가 가능해 손상을 최소화할 수 있다. 건축가는 도드라지기보다 주변에 은은하게 녹아드는 풍경을 만들기 위해 현무암을 골랐다. 그 마음을 담아 이곳은 사람들의 생활을 담는 편안한 배경이 되어가는 중이다.

노형동 네오플사옥 네오마루

설계	신호섭, 신경미, 이나영, 김정민
위치	제주도 제주시 노형동
대지면적	9,011㎡
연면적	4,977㎡
규모	지상 4층, 지하 2층
구조	철근콘크리트
마감	제주 화산석, 징크패널 로이복층유리
완공	2017년 7월
사진	노경

사용한 석재
제주 현무암 판석
규격 1,150×450×30mm
표면마감 혼드
제조사 아라식건(세수)

Issue of Stone

단순하면서도 규칙적인 형태에 물성이 강한 제주 현무암을 외장재로 사용해 제주의 한적한 자연과 어울리는 사옥을 완성했다.

Issue 2
Distribution of Stone

유통과 시장 글 정경화

석산에서 채취한 원석이 재단과 가공을 거쳐 석재가 되고, 제품으로 판매되기까지의 유통 과정, 그리고 시장의 숨은 이야기를 살펴본다. 적절한 종류와 규격을 선택할 수 있도록 돕는 가이드와 소비자에게 다양한 제품을 알리고자 여러 방법을 모색하는 유통업체의 고민도 함께 담았다.

Reportage
국내 석재 유통 시장 취재기

글 정경화

철과 유리 등의 산업재는 공장에서 규격대로 생산되어 품질에 큰 차이가 없다. 그러나 국내의 화강암Sfe01과 이탈리아의 대리석Sfi02은 석종부터 색상과 무늬, 물성까지 어느 것 하나 공통점이 없다. 특히 국내시장은 수입의 비중이 높아 적절한 제품을 골라 소비자에게 제공하는 유통업체의 역할이 더욱 중요하다.

석재업체의 현황

석재업체는 크게 생산, 유통, 가공, 시공 네 가지로 나뉜다. 여기서 생산은 석산에서 암석을 채석해 원석이나 20~30㎜의 얇은 두께로 잘라 원판slab으로 만드는 1차 생산을 뜻하며, 이를 규격에 맞게 재단하거나 표면을 마감해 제품으로 완성하는 2차 생산은 가공이라 한다. 석재의 대부분을 수입에 의존하게 되면서 생산보다는 유통과 시공 업체의 비중이 높다.

다른 건축재료와의 차이점은 같은 석재라도 표면을 어떻게 마감하느냐에 따라 색감과 질감이 달라진다는 것이다. 그래서 표면 처리, 재단 등의 가공 공정이 중요하고, 그러다 보니 유통업체에서 기본적인 가공까지 함께 하는 경우가 많다. 원석을 수입하여 직접 얇은 두께로 할석하기도 하지만, 대부분 원판을 들여와 가공하거나 표면 처리까지 마친 것을 들여와 재단과 측면 가공만 한다. 요즘에는 가공 방법이 워낙 다양해 가공만 전문으로 하는 업체에 외주를 주기도 한다.

석재는 규격이 크고 물량이 많을 뿐더러 가공을 위해 별도의 기계설비가 필요하기 때문에 유통업체는 물류창고와 공장을 수용할 넓은 면적이 필요하다. 대개 수도권에서 자동차로 30분~1시간 이내 거리인 경기도 광주, 안성, 용인 등지에 밀집해 있다. 생산 중심으로 업체가 분포한 지역은 석산이 있는 포천, 익산, 거창 등이다.

석재는 규격이 크고 물량이 많아 유통업체는 물류창고와 공장을 수용할 넓은 면적이 필요하다.

국내의 유통 시장

수입산과 국산 석재의 비율은 전자가 압도적으로 높다. 우리나라는 채석 과정에서 나는 먼지나 소음, 환경, 민원 문제로 석산의 채석 허가가 어렵다. 2000년대 들어서며 중국의 저렴한 화강암이 국내에 본격적으로 들어왔다. 가격과 물량으로 승부하는 중국보다 상대적으로 경쟁력이 떨어지면서 국산의 비율이 줄어들고 수입 시장이 커졌다. 국산은 종류도 한정적이다. 주로 생산되는 화강암은 단단하고 무늬가 균일하지만 단조롭고 색상도 단순한 편이다. 제주의 현무암은 제주 외 지역으로의 반출이 어려워 중국 하이난이나 베트남 호치민 산으로 대체된다.

유럽에서는 주로 석회암Sfi01같은 퇴적암 계열이나 대리석을 수입한다. 일신석재 조용철 상무는 "이탈리아산이 가장 많으며 스페인이나 터키가 그 뒤를 잇는다"고 말한다. 이탈리아는 자원이 풍부하고 품질도 우수해 오래전부터 석재를 써왔고, 자연스럽게 가공 기술도 발달했다. 특히 로마는 예전부터 석산이 많아 트레비 분수, 콜로세움 등 주변에서 나는 석재를 조각하고 가공해 만든 건물이 많다. 그리스는 백색 대리석이 유명하고 최근에는 석산 개발이 활발한 터키가 떠오른다. 중국과 브라질에서는 주로 화강암을 수입한다. 브라질은 거리가 멀지만, 땅이 넓고 매장량도 풍부해 가격이 저렴하다. 이외에도 동유럽의 규장암Sfi05, 인도의 사암Sc01, 오만의 대리석 등 다양한 국가에서 제품을 들여온다.

석재의 품질은 물성보다는 가공 기술의 영향을 많이 받는다. 물성의 경우, 건축재료로 쓰기 위한 기본적인 조건을 만족하는 것을 들여오므로 사실상 큰 차이가 없으며, 중국과 국내의 화강암도 석질이나 물성 면에서 비슷하다는 것이 유통업체의 공통적인 의견이다. 토탈석재 민태식 대표는 "산둥성 등지의 석재는 국산과 광맥이 같다"고도 말한다. 다만 가공 품질은 중국보다 섬세하며, 이탈리아나 그리스 등 석재산업이 발달한 유럽은 기술이 더 뛰어나 가격이 높다. 이탈리아, 스페인의 석재업체는 터키나 브라질의 석산에 가서 직접 개발하거나 그곳의 석재를 가져다가 가공해 자국의 제품으로 판매하기도 한다. 중국도 석재산업이 워낙 커지다 보니 컴퓨터로 기계를 제어하는 CNC 자동화시스템 등의 가공 기술이 점점 발전하는 추세다.

이탈리아는 양질의 석재가 풍부하고 이를 다루는 기술도 발달해 국내에 수입하는 비율이 높다.

혼란스러운 명칭과 유통 과정

석재의 이름은 대부분 석산이나 생산업체에서 지역명, 색상이나 무늬를 따서 짓는다. 예를 들어 비앙코 카라라Bianco Carrara라는 이름에서 비앙코는 흰색, 카라라는 이탈리아의 지역 이름이다. 아줄 마카우바스Azul Macaubas에서 아줄은 푸른색, 마카우바스는 브라질의 지역명이다. 그러나 제품명에 대한 규제가 따로 없어 국내 유통업체에서는 이름을 바꾸어 팔기도 한다. 비앙코 카라라와 같이 잘 알려진 제품은 대부분 그대로 팔지만 이름이 이해하기 어려울 때, 다른 업체와의 경쟁을 피하거나 정보를 독점하기 위해, 또는 상표등록이 되어 있어 같은 이름으로 판매할 수 없는 경우 등 여러 이유로 이름을 바꾼다. 공급자가 워낙 많다 보니 관리가 잘 되지 않고 통제나 협의도 어렵다. 기준이 없고 모호한 이름은 소비자가 원하는 제품에 대한 정확한 정보를 확인하기 힘들고 석재 자체를 어렵게 느끼게 한다. 중국에서 수입했지만 고흥석, 문경석으로 불리는 경우도 있다. 토탈석재 민태식 대표는 "소비자의 이해를 돕기 위해 비슷한 색과 무늬를 지닌 익숙한 국산 제품의 이름을 따서 소개하는 것"이라고 말한다. 원산지를 표기하는 규제에 따라 중국 포천석, 중국 고흥석 등으로 국가명을 함께 쓰고 있으니 반드시 구매 전에 이를 확인하자. 중국에서는 원산지 표기법에 따라 자국에서 생산한 석재에 대해 각각의 고유번호를 매긴다. 화강암은 G, 대리석은 M, 판석은 S 등 영문 명칭의 앞 글자에 행정구역 번호와

일신석재는 이천 물류단지에 제품을 전시하고 소개하는 공간을 2,600m² 규모로 마련했다.

신흥스톤에서는 석재에 타일, 패널 등 다른 재료를 결합해 시공성을 높인 자재를 판매한다.

석재의 품종 번호를 조합해 서너 자리의 숫자를 덧붙여 표기한다. 예를 들어 사비석은 고유번호인 G682로도 불린다. 중국산인지 또는 같은 종류의 중국 제품인지 궁금할 때에는 고유번호를 비교하는 것도 도움이 된다.

같은 지역에서 나오는 석재에 대해 유통업체에서 정하는 이름은 델리카토베이지, 델베이지 혹은 마카우바스 골드, 옐로우 마카우바스와 같이 비슷한 편이다. 같은 무늬와 색상을 지닌 유사한 이름의 석재를 찾아 견적을 내볼 수 있다. 다만 같은 석재라도 무늬나 채석 시기 등 가격에 영향을 미치는 요소는 매우 다양하므로 정확한 비교는 힘든 것이 사실이다.

일신석재 전시장 일 솔레.

석재의 시도와 가능성

최근 석재 유통 시장은 기존의 시공업체나 건축가, 인테리어 디자이너 외에 소비자에게 직접 어필하는 방향으로 점차 변하고 있다. 아직 석재 시공사나 가공업체, 건설사 등 업체가 구매하는 비중이 크지만, 셀프 인테리어에 대한 인기가 높아지고 일반 소비자의 관심이 늘면서 유통업체에서는 다양한 시도를 통해 소비자와의 접점을 넓히고 있다.

가장 많이 시도하는 방법은 전시장의 규모를 넓히고 여러 제품을 전시해 다양한 무늬와 색상의 제품을 갖추고 있음을 보여주는 것이다. 석재는 같은 석종이라도 색상과 무늬가 제각각이라 대부분 전시장에서 제품을 확인하고 현장에서 바로 구매한다. 유통업체마다 온라인이나 전화 주문보다는 오프라인 구매의 비중이 높은 것은 이 때문이다. 제품을 직접 보고 구입하므로 전시장의 역할이 중요하다.

곤지암에 물류창고와 공장을 둔 토탈석재는 대리석 테이블, 생활 소품을 판매하는 르마블Le Marble이라는 브랜드를 따로 론칭해 리빙 시장에 적극적으로 제품을 내놓는다. 다양한 색상과 질감의 석재를 알리기 위해 전시 행사에도 지속해서 참여한다. 일신석재는 규모와 제품의 종류, 그리고 업체 네트워크가 주목할 만하다. 이천에 위치한 기존의 물류단지에 2,600m² 규모로 제품을 전시하고 소개하는 공간을 운영한다. 예전에는 단순히 창고 개념이었다면 지금은 종류나 산지에 따라 분류해 소비자가 원하는 색상이나 무늬를 쉽게 선택할 수 있도록 전시한다. 여러 해외 석재업체의 제품도 함께 볼 수 있으며 원하는 경우 구매 대행이나 업체 연결도 가능하다. 희소성 높은 고가의 석재는 일 솔레Il Sole라는 공간을 따로 마련해 갤러리처럼 전시한다. 주로 이탈리아나 브라질, 아프리카에서 들여온 석재를 액자에 담긴 작품처럼 전시하는데, 한 장이 팔리면 그와 같은 색과 무늬를 지닌 것을 다시 찾기 어려울 정도로 희소성이 높다. 또한 단지 내에 네 곳의 가공업체도 함께 있어 다양한 가공법을 직접 보고, 원하는 방법을 고를 수 있다. 화학적 가공 방법으로 표면을 마감하고 글씨를 새기는 가공업체인 히스핸드(p.107 표면에 표정을 입히다 참고)도 이곳에 있다. 신흥스톤은 논현동에 전시장이 있어 상대적으로 방문이 쉽다. 대리석, 화강암 제품을 살펴볼 수 있고 작은 규모지만 테이블 상판이나 트레이 등 소품도 제작해 판매한다. 또한 다른 재료와 결합한 새로운 자재를 적극적으로 생산한다. 그중 석재를 3㎜의 두께로 최대한 얇게 켜서 다른 소재로 된 바탕재에 붙이는 타일이나 패널 제품은 석재의 단점인 무게를 줄여 시공성을 높여준다.

논현동에 위치한 신흥스톤 강남 전시장.

취재에 도움을 준 석재 유통업체

신흥스톤
www.shstone.co.kr
02-548-0276

㈜일신석재
www.ilshinstone.co.kr
02-487-9009
02-2041-2594

㈜토탈석재산업
www.totalmarble.com
본사 031-767-4415
쇼룸 031-766-5800

일신석재 물류창고 전경.

원석이 석재가 되기까지

일신석재는 국내에서 유일하게 대리석 전용 할석기를 보유한 곳으로, 원석의 절단부터 가공까지 전 과정의 설비를 갖추어 대리석 제품을 생산한다. 일신석재의 최갑수 차장과 함께 원석이 석재가 되기까지의 과정을 따라가 보았다.

❶ 하차

컨테이너에서 판재나 원석을 하역한다. 일신석재 유통단지에는 하루 평균 3~5대의 컨테이너가 들어온다. 두께 20㎜를 기준으로 연간 약 40만㎡의 물량이다. 판재와 원석의 비율은 8대 2 정도다.

❷ 검수

원석의 색상과 무늬, 크기를 점검하고 균열이나 구멍, 깨짐 등의 하자가 없는지 상태를 확인해 사용 여부를 결정한다. 어떤 무늬를 보여줄지에 따라 절단하는 방향도 결정한다. 줄무늬가 선명하게 나타나길 원한다면 베인 컷Vein Cut, 물결치는 무늬가 은은하게 드러나길 바란다면 크로스 컷Cross Cut으로 절단한다.

❸ 할석

원석 절단기gang saw를 이용해 원석을 판재 형태로 절단한다. 톱날의 두께가 10㎜인 다이아몬드 원형 톱에 비해 이 절단기의 톱날은 3㎜로 얇아 잘린 면의 평활도가 높고 원석의 손실률도 낮다.

❹ 네팅

네팅netting은 판재의 뒷면에 그물망을 대는 보강 작업이다. 그물망을 대면 깨짐이나 균열과 같은 파손이 줄어들고 강도가 높아진다. 대리석 중에서도 강도가 약한 석재를 주로 보강한다.

❺ 레진

네팅한 석재가 마르면 뒤집어서 레진을 바른다. 레진은 표면의 공극을 메워 성능을 보완하는 역할을 한다. 작업한 후에 3~4일 정도 건조 기간을 거친다.

❻ 연마

섬세한 표면 처리를 하기 전의 기본적인 작업이다. 20개의 헤드에는 각각 숫돌이 일곱 개씩 달려 있어, 이 헤드가 회전하며 숫돌이 석재 표면을 갈아낸다. 일신석재에서는 하루 800m^2 정도의 석재를 연마한다.

❼ 재단과 측면 가공

작업지시서에 적힌 규격에 따라 재단한다. 용수가 분사되며 톱날의 열을 식혀준다. 필요한 경우에는 측면 연마기로 판재의 옆면도 연마한다. 판재를 고정하고 숫돌이 각각 돌아가는 방식이다.

❽ 포장과 출하

완제품은 검수를 거친 후 포장해 출하된다. 1,200×1,200㎜ 내의 규격은 여러 장 함께 포장하고, 이 규격을 넘는 판재는 목재로 틀을 짜서 개별 포장한다. 모서리 부분이 파손되지 않도록 특히 신경 쓴다.

Choice of Stone
석재 선택 가이드

글 정경화

석재는 산지나 종류에 따라 색과 무늬가 천차만별이다. 같은 석재도 어떤 공간에 어느 정도의 규격으로 쓰느냐에 따라 느낌이 달라진다. 석재를 고를 때 고려해야 할 점과 제품의 가격에 영향을 미치는 요소를 알아보자.

석재의 선택

원하는 디자인을 어느 정도 생각한 후에 제품을 고르고, 샘플보다는 매장을 방문해 자재나 시공 사례를 직접 보는 것이 좋다. 용도나 물성에 대해서도 전문가와 상담을 통해 적합한 제품인지 확인을 거쳐 결정해야 한다. 석재를 고를 때에는 먼저 표면에 균열이나 흠, 깨짐 등 눈에 보이는 하자가 있는지 살펴본다. 두 번째로 고려해야 할 것은 용도와 흡수율이다. 가령 흡수율이 높은 석재를 주방이나 화장실 등 물을 사용하는 공간에 쓰면 쉽게 오염되거나 하자가 생길 수 있어 피해야 한다.

석종마다 고유한 색과 무늬가 다르므로 원하는 공간의 분위기에 따라 선택지도 다양하다. 마감재로는 화강암Sfe01과 대리석Sfi02이 많이 쓰이는데 실내 재료로는 일반적으로 후자를 더 선호한다. 화강암은 강도가 높고 흡수율이 낮아 저렴한 것은 외장재로, 색상이나 무늬가 아름다운 것은 가구 상판이나 내장재로 쓰인다. 대리석은 색상과 무늬가 아름답지만, 화강암보다 흡수율이 높은 편이라 인테리어 재료로 많이 쓰인다. 그러나 요즈음에는 대리석 중에 흡수율이 낮은 것을 외장재로 쓰는 등 용도보다는 원하는 분위기에 맞는 색상과 무늬를 우선시하여 고른다.

흰색 계열의 대리석이 몇 년 전부터 인기이고 실내에는 베이지색 대리석이 많이 쓰인다. 예전에는 용도와 관계없이 광택이 있는 표면을 선호했지만 요즘에는 무광이나 자연스러운 질감을 살리는 경우도 늘었다. 표면을 처리하는 가공 방법이 발달하고 인터넷을 통해 석재에 대해 얻는 정보가 많아지면서 다양한 제품에 대한 수요는 계속 늘어나는 추세다.

석재의 규격

석재는 원석이나 원판을 들여와 공장에서 원하는 크기로 자르거나 일부는 정해진 규격대로 재단까지 마친 상태로 들여온다. 원판은 길이 2,400~2,800㎜, 높이 1,300~1,800㎜정도이며 재단해오는 경우 대부분 600×600㎜ 또는 600×900㎜, 두께는 20㎜와 30㎜의 규격이다.

외장재의 경우 두께는 대개 30㎜로 벽은 600×900㎜ 또는 600×1,200㎜, 바닥은 300×300㎜나 600×600㎜ 등의 정사각형 규격이 주로 쓰인다. 내장재의 두께는 주로 20㎜이며, 공간에 적용하는 방식이 워낙 다양하다 보니 정해진 규격은 따로 없다. 벽면의 크기에 맞게 줄눈을 나누어 규격을 정하고, 최근에는 인테리어에서 가능한 큰 판을 쓰는 추세라 길이 700㎜ 또는 800㎜, 높이 1,200㎜의 큰 석재도 많이 쓰인다. 인테리어에서 벽

석재를 고를 때에는 매장을 방문해 자재나 시공 사례를 직접 보는 것이 좋다.

식재는 원석이나 원판을 들여와 공장에서 원하는 크기로 자르거나 일부는 정해진 규격으로 재단까지 마친 상태로 들여온다.

실내에는 베이지색 계열의 석재가 많이 쓰인다.

전체에 사용해 포인트를 줄 때에는 최대 3,000㎜ 정도 길이의 판재를 통으로 시공하기도 한다. 실내 바닥은 대부분 600×600㎜로 타일과 비슷하다. 600㎜를 기본으로 하는 규격이 많은 이유는 시공성이 좋으면서 대중적으로 익숙한 크기이고, 재료의 손실이 가장 적기 때문이다. 주로 쓰이는 주거 공간과 상업 공간을 예로 들면, 주거 공간은 층고가 2,300~2,400㎜, 상업 공간은 2,800~3,000㎜ 정도다. 이때, 600㎜ 높이의 석재를 사용하면 네 장에서 다섯 장 정도면 딱 맞아떨어진다.

최소 주문 물량에는 제한이 없다. 트레이처럼 작은 크기로 나오는 제품도 있어 600×300㎜ 한 장이나, 손바닥 만한 크기도 살 수 있다. 오히려 자연 재료다 보니 석종마다 수급하는 양에 따라 최대로 주문 가능한 물량이 제한될 수 있다. 대량으로 수입하는 경우, 산출 기준은 컨테이너 단위다. 주로 길이가 20ft인 컨테이너를 쓰는데 한 컨테이너에 30㎜ 두께의 석재는 250~300㎡, 20㎜ 두께의 석재는 350~400㎡ 정도의 물량이 들어간다.

석재의 가격

가격에 가장 큰 영향을 미치는 요소는 아름다움과 희소성이다. 색상이나 무늬가 특이하고, 구하기 힘들수록 가격은 기하급수적으로 올라간다. 원가는 생산업체에서 생산량과 생산비용을 기초로 결정하며, 마케팅이나 유통비, 수입하는 경우에는 환율도 가격에 영향을 미친다. 일신석재 조용철 상무는 "중국산은 수급이 빠르고 유통 비용이 적지만, 유럽산은 오래 걸리고 회전율이 낮아 상대적으로 재고를 많이 보유해야 해서 비용이 많이 든다"고 말한다. 재료의 손실률이나 재단비도 어느 정도 가격에 포함된다. 석재는 규격대로 잘라 쓰기 때문에 원판에서 20~30% 정도 손실이 발생한다. 흐름 무늬가 있어 이를 맞춰야 하는 경우에는 더 높아진다. 같은 석재라도 정해진 규격대로 미리 잘라온 것은 원판으로 들여와 재단한 것보다 조금 더 저렴한데 그 이유는 원판을 쓰고 남는 자투리 부분을 크기에 맞춰 쓸 수 있어 재료의 손실률이 줄어들기 때문이다. 그러나 한 판에서 나는 것이 아니라 다양한 부분이 섞여 오기 때문에 무늬의 차이가 더 크다. 흐름 무늬가 있는 석종이라면 비용을 좀 더 들이더라도 원판을 재단하여 쓰는 것이 공간에 통일감을 줄 수 있다. 이러한 부분은 업체에서 가견적을 받고 협의를 통해 조절할 수 있으니 구매할 때는 전시장을 방문해 미리 확인하자.

재단으로 인한 손실을 줄이는 방법으로 주문한다면 가격을 줄일 수도 있다. 1,600×2,700㎜의 원판을 한가지 규격으로 자를 때와 여러 규격으로 자를 때 손실률이 다를 수 있다. 예를 들어 토탈석재에서는 100~200㎡ 정도의 물량을 몇 가지 크기를 섞어서 주문해 원판의 손실률이 예상보다 줄어드는 경우 조금 더 저렴하게 판매하기도 한다.

일신석재 조용철 상무는 "석종에 따라 가격은 천차만별이지만, 통상적으로 1㎥당 국산은 3만 원 전후, 중국은 2~4만 원 정도다. 그 외의 수입석은 대리석을 중심으로 5~20만 원 정도이고 희소성이 높은 것은 400만 원에 달하기도 한다"고 말한다. 석재는 자연재라 같은 석산에서 나더라도 채석 부위나 시기마다 품질에 차이가 있다. 대부분 유통업체에서는 무늬, 색상, 균열 등을 기준으로 점검해 2~4개 정도 등급을 두어 구분하고 있으니 등급에도 유의하자.

취재에 도움을 준 석재 유통업체

신흥스톤
www.shstone.co.kr
02-548-0276

㈜일신석재
www.ilshinstone.co.kr
02-487-9009
02-2041-2594

㈜토탈석재산업
www.totalmarble.com
본사 031-767-4415
쇼룸 031-766-5800

Interview

더 가까이에서 만나는 대리석
토탈석재 민태식 대표

인터뷰 정경화

토탈석재는 해외에서 수입한 석재를 가공해 판매하는 유통업체로 연매출이 약 130억 원에 달한다. 민태식 대표는 시공사 위주로 돌아가는 국내의 석재 유통 시장에서 일반 소비자에게 직접 대리석Sfi02을 알리는 방법을 고심했다. 그 결과, 3년 전에는 석재 가구와 소품 브랜드인 르마블을 론칭했으며, 2016년 11월에는 판교에, 2019년 7월에는 서울 논현동에 쇼룸을 열어 소비자와의 접점을 꾸준히 늘리고 있다.

감씨(감) 리빙 브랜드를 따로 만들었다. 어떤 계기로 가구와 소품에까지 영역을 넓히게 되었나?

민태식(민) 소비자는 대리석을 잘 모른다. 가장 많이 듣는 질문이 "이게 돌이에요?"다. 직접 눈으로 보고 손으로 만져볼 기회가 없어서다. 유통업체는 대부분 수입하기 쉬운 제품 위주로 판매한다. 저렴하게 들여와 비싸게 팔기도 한다. 그러다 보니 비싼 재료라는 인식이 강하다. 편견을 깨고 많은 사람들에게 대리석을 알리고자 10여 년 전부터 스스로 마케팅을 시작했다. 자재 업체는 대부분 판로가 부족한데, 그중 좋은 방법이 전시나 팝업스토어다. 그리고 백 마디 말보다 고객이 집에 가져가서 가볍게 쓸 만한 제품의 효과가 더 크다. 처음 5~6년 동안은 원판을 전시하다가 한번은 15×15㎝ 크기의 샘플을 나눠줬는데 반응이 엄청났다. 이후 원판을 상판으로 가공해 만든 식탁을 전시하는 등 이런저런 시도를 거치다 철제 다리에 상판을 얹은 제품을 만들었고, 르마블의 대표 제품이 되었다. 르마블로 토탈석재를 알게 된 분들은 대부분 가구 브랜드라고 생각하지만 가구는 최종 지점이 아니다. 대리석을 친근하게 보여줄 수 있는 아이템 중 하나로 선택했을 뿐이다. 또 다른 모습을 계속해서 고민한다.

감 또 다른 모습이라 함은 구체적으로 어떤 것인가?

민 테이블이 첫 번째 아이템이라면 그와 비슷하면서도 가정이나 상업 공간에서 스스로 설치하고 꾸밀 수 있는 다른 아이템을 개발 중이다. 포인트는 DIY다. 석재는 무늬와 색상이 모두 달라 전 세계에 하나뿐인 작품과도 같다. 그러나 공간에 사용하기 위해서는 벽에 합판을 대고 고정하는 등 일반인이 하기 어려운 선행 공정이 필요하다. 이를 쉽게 시공하는 방법이 개발된다면 석재 인테리어가 크게 발전할 것이라 본다. 아직까지 석재를 찾는 사람들은 한정적이다. 석재를 제대로 접해보지 못한 이들에게 다양한 종류가 있음을 알리고 저변을 넓히는 것이 목표다. B2CBusiness to Customer가 되어야 B2BBusiness to Business도 따라온다고 본다. SNS 운영 외에도 체험 프로그램, 제품 세일, 전시 등 일반인을 대상으로 판로를 넓히는 방법을 계속 고민한다.

감 쇼룸이 4층 규모로 꽤 큰 편이다.

민 대리점은 기존에 있는 가구점의 숍인숍 개념으로 전국에 스무 군데 정도가 있고, 본사에서 직접 운영하는 전시장은 곤지암 본사와 서울 논현동, 그리고 이곳 판교 쇼룸 세 곳이다. 이곳은 지하 1층부터 3층까지 벽과 바닥, 계단 등을 자사의 화강암Sfe01, 대리석으로 마감해 건물 자체가 하나의 전시장과도 같다. 1층에는 카페와 사무실을 두고 홍보에 주력하는 제품이나 소품을 전시한다. 트레이, 컵받침, 벽에 붙이는 옷걸이 등 직접 개발하고 제작한 것이다. 2층은 테이블을 전시하는 메인 쇼룸이다.

르마블에서는 석재로 만든 트레이, 옷걸이, 알파벳 모양의 장식품 등 여러 생활 소품도 직접 개발하고 제작한다.

Issue of Stone

79

테이블은 프레임의 형태와 색상, 상판의 세 가지 요소를 선택하는 고객맞춤형 제품이다.

쇼룸 지하층에는 테이블 상판이 규모와 형태별로 전시되어 있다.

3층은 평상시에는 판매 제품을 진열하고, 작가와 협업할 때에는 갤러리로 운영한다. 지하층은 테이블 상판만 진열한다. 석재는 같은 종류라도 판마다 무늬가 달라 대부분 쇼룸에서 본 것을 그대로 구매하는데 이곳에는 여러 상판을 4인, 6인 등의 규모와 형태별로 전시하고 있어 원하는 용도와 디자인에 맞추어 빠르게 고를 수 있다. 매장에 없는 크기나 석종을 원하는 경우에는 주문제작도 가능하다. 기간은 최대 2주 정도 소요되며, 직영 배송팀이 설치까지 담당한다.

감 제품은 어떤 종류가 있나?
민 현재 매장에 있는 테이블은 20가지, 소품까지 포함하면 100점 정도다. 가장 인기 있는 제품은 금속 프레임에 흰색 대리석을 얹은 오리지널 슬릭 테이블로 지금의 르마블을 있게 한 주인공이기도 하다.
테이블은 프레임의 형태와 색상, 그리고 상판의 세 가지 요소를 선택하는 고객 맞춤형 제품이다. 선택에 따라 디자인은 셀 수 없이 많다. 프레임은 약 20가지의 형태가 있으며, 색상은 프레임의 재질에 따라 달라진다. 스테인리스 스틸 프레임은 금색과 로즈골드, 은색, 헤어라인으로 마감해 무광인 은색이 있고 철제는 검은색과 흰색이 있다. 상판은 대리석, 화강암을 중심으로 100여 가지 종류가 있는데, 7대3 정도의 비율로 대리석이 훨씬 많다. 화강암은 대부분 어두운 반면, 대리석은 색상이 밝다. 고객층의 70~80%는 20~40대인데, 젊을수록 깨끗하고 밝은 느낌을 선호한다. 대부분은 인스타그램에서 인기인 하얀 톤의 인테리어를 원하고, 전 세계적으로도 밝은 석재가 유행이다 보니 대리석 제품을 찾는다. 그러나 원칙적으로는 오염에 약하고, 잘 깨지는 대리석보다 오염이 덜 되고 단단한 화강암을 상판으로 쓰는 것이 좋다. 상담하면서 화강암을 추천하기도 하고, 쇼룸에 와서 직접 제품을 보고 결정을 바꾸기도 한다. 오염에 민감하거나 고급스러운 느낌을 찾는 분들은 화강암 제품을 선호한다.

감 디자인과 제작은 어떻게 하나?
민 단순한 형태로 디자인해 석재 자체의 색상과 무늬가 돋보이게끔 한다. 작가와 협업하여 제품을 개발하기도 한다. 대리석이라는 소재를 친숙하게 알리는 차원에서 가공 기술이나 제작 공정을 지원한다.
테이블 프레임이 스테인리스 스틸인 경우에는 비용 대비 품질이 좋은 중국에서 제작해 오고, 철제는 국내에서 제작한다. 상판석재는 이탈리아, 스페인, 브라질 등지에서 수입한다. 대부분 표면 처리까지 된 원판을 가져와 재단하고, 옆면만 가공한다. 이탈리아를 비롯한 유럽의 가공 기술이 더 뛰어나기 때문에 국내에서 가공하는 부분은 최소화한다.

감 최근 석재를 쓰는 트렌드는 어떤 것이 있나?
민 대리석은 국내보다는 유럽에서 발달되어 있어 해외시장을 주의 깊게 살핀다. 특히 밀라노 가구 박람회는 전 세계에서 가장 규모가 큰 가구 박람회로, 소재부터 가구 디자인까지 시장의 전반적인 움직임을 읽고 많은 영감을 얻을 수 있는 자리다. 요즘의 트렌드는 다양한 형태다. 분리형이나 이동식, 접히는 등 형태에 기능성을 갖춘 테이블이 많다. 또 표면이 잘 오염되지 않도록 개량하는 등 소재 자체를 개발하는 연구도 활발하다.
표면 처리는 가죽 질감의 레더 피니시leather finish나 하이드로 피니시hydro finish가 인기다. 전자는 브러시로, 후자는 워터젯으로 압을 주어 표면에 굴곡을 만든다(p.101 석재 표면 마감 안내서 참고). 가구는 대부분 연마하여 매끈한 표면을 만드는데, 석재 본연의 무늬가 독특할 때는 이렇게 질감을 살리는 방법으로 마감하기도 한다. 같은 석재라도 표면 마감에 따라 분위기가 확 달라진다.

대리석을 주제로 이광호 작가와 협업한 작품.

토탈석재에서 판매하는 제품인 아줄 마카우바로 마감한 쇼룸 계단.

Issue of Stone

Issue 3
Expansion of Stone

재료의 확장 글 정경화

목재와 석재는 둘 다 자연재다. 이를 모사하기 위한 사람들의 노력도 계속되고 있다. 목재를 닮은 PVC 바닥재의 경우 색상과 무늬는 비슷하지만 고유한 질감은 흉내내지 못한다. 석재는 다르다. 광물을 조합하고 다른 원료를 섞어 돌의 물성과 형태, 질감까지 흡사하게 재현한다. 영역을 확장하고 진화를 거듭하는 새로운 석재를 만나보자.

Variation of Stone
석재의 응용과 변주

글 정경화

석재는 석산에서 아름다운 무늬를 지닌 것을 골라 쓰는 것만큼 다른 재료를 개발하거나 새로운 자재로 응용하는 경우도 많다. 무겁고 일정한 품질을 얻기 어려운 석재의 단점을 보완하면서 다양한 색과 무늬라는 장점을 살린다. 플라스틱, 시멘트와 혼합하거나 얇게 켜내고 다른 바탕재를 붙여 복합 재료를 만드는 등 방법도 다양하다.

초경량 다공질 소재
무기질 단열재: 암면, 펄라이트, 질석

광물로 만든 무기질 단열재. 특정 암석이나 광물을 분쇄한 뒤 고온으로 빠르게 가열하면서 부피를 크게 팽창해 만든다. 가벼우면서도 미세한 기공을 많이 지니는 것이 특징이다. 공극률이 높아지므로 소음을 잘 흡수하고 단열성과 보온성이 우수해 보온재, 흡음재로도 많이 쓰인다. 불에 잘 타지 않고 고온에도 견디며, 연질이라 성형도 쉽다.

어떤 광물로 만드는지에 따라 몇 가지 종류가 있는데 일반적인 특징과 용도는 비슷하다. 암면rock wool은 현무암Sfe03, 안산암Sc02, 사문암Sfi04 등을 약 1,700℃로 가열해 액체 상태로 녹인 후 미세한 구멍으로 통과시키면서 부피를 크게 팽창해 만든다. 솜사탕과 비슷한 원리로 만들어지며 섬유와 같은 형태. 발암물질인 석면을 대체하기 위해 개발된 것으로 가격도 저렴하다. 접착제로 붙인 보드, 원통 형태와 한쪽 면에 종이나 천을 붙인 펠트가 있다.

펄라이트perlite는 화산암 지대에서 생성되는 진주암pearl stone, 흑요석obsidian을 850~1,200℃로 가열해 만든다. 진주암은 순간적으로 고온으로 가열하면 함유되어 있던 수분이 기화하며 팽창하는데, 작게는 4배에서 크게는 20배까지 부피가 커진다. 암면이 솜사탕이라면 펄라이트와 질석은 팝콘을 만드는 원리로 이해하면 쉽다. 백색 또는 회백색으로 1,400℃에도 녹지 않는다. 단열재 외에 모르타르나 플라스터의 골재 또는 식물을 재배하는 인공 토양으로 쓰기도 한다.

질석vermiculite은 운모계의 광석 중 하나인 흑운모biotite를 800~1,000℃로 가열해 부피를 5~6배 팽창해 만든다. 비중이 0.2~0.4 정도로 결로를 막고 냄새를 제거하는 데에 효과적이다.

광물로 만드는 무기질 단열재 중 하나인 암면.

석재와 철재의 만남
개비온

개비온gabion은 토목 공법 중 하나로, 아연 도금 철선을 엮어 상자처럼 만든 후 내부에 돌을 채워 넣은 돌망태 형태다. 흙과 모래가 유출되는 것을 막으면서 빗물은 빠르게 배출해 산사태나 도로의 유실을 막는 옹벽으로 쓰인다. 시공이 간편하고 재료의 물성이 살아있는 데다가 자연에 가까운 친환경적인 모습이라 벤치, 파고라 같은 조경시설부터 건물의 외장재, 인테리어 마감재까지 쓰임새가 점점 늘고 있다. 연남동 경의선숲길공원의

개비온은 철망을 어떤 돌로 채우느냐에 따라 다른 분위기를 낼 수 있다.

Issue of Stone

LG하우시스의 인조대리석 브랜드인 하이막스 뉴 콘크리트 컬렉션 제품으로 마감한 공간.

신흥스톤의 허니콤 북매치 패널로 시공한 공간.

벤치, 리움미술관의 옹벽, 상업 건물의 포인트월 등 주변에서 쉽게 볼 수 있다. 철의 형태를 어떻게 잡느냐에 따라 곡면 등의 다른 모양으로 제작할 수 있으며, 중간중간에 철망 패널을 구조벽처럼 대면 크기의 조절도 비교적 자유롭다. 철망을 채우는 돌의 종류에 따라 다양한 분위기를 낼 수 있고, 현장에서 공사하면서 채취한 것을 그대로 쓸 수도 있어 경제적이다. 개비온을 건축재료로 사용한 대표적인 건물은 캘리포니아 나파 밸리 Napa Valley에 건축가 헤르초크 & 드 뫼롱이 설계한 도미너스 와이너리(1998)다. 이 양조장은 길이 100m, 깊이 25m, 높이 9m의 입면을 개비온으로 완성했다. 철망으로 만든 틀 안에 주변에서 채석한 현무암을 불규칙하게 쌓았다. 돌 사이의 틈으로 빛이 드나들며 그림자를 만들고 바람이 흐르며 주변과 상호작용한다. 큰 돌을 입면의 위쪽에 두고, 아래쪽으로 갈수록 크기가 작아지게 배치해 중력을 거스르는 듯한 느낌을 주며 더욱 강한 분위기를 만든다.

용어정리

1) 허니콤 패널 벌집 모양의 코어 양쪽 면에 표면재를 붙여 샌드위치 구조를 이루는 재료를 말한다. 내충격성이 우수하며 가벼운 것이 장점이다.

석재를 모사한 인공 재료
인조석

석재를 인공적으로 모사한 것을 통칭한다. 소재에 따라 크게 시멘트계, 수지계, 유리계로 나뉜다. 재료를 접착하는 결합재로 시멘트를 사용한 것을 시멘트계 인조석Sar01, 시멘트 대신 합성수지를 사용한 것을 수지계 인조석Sar02이라 한다(p.37 쓰임새로 알아보는 석재의 종류 참고).

　시멘트계 인조석은 주로 타일과 같은 타입으로 생산되므로 가볍고 시공이 쉽다. 색상과 무늬도 균일하게 유지할 수 있어 실외 벽이나 바닥에 석재를 대신하여 쓴다.

　인조대리석으로 익숙한 수지계 인조석은 1980년대 중반 코리안Corian(구 듀폰)의 제품이 수입되면서 국내에 처음 등장했다. 석재보다 기공이 적어 흡수율이 매우 낮고 오염도 적다. 목공용 공구로도 재단이 가능해 현장에서도 쉽게 크기를 조절할 수 있다. 높은 가공성과 시공성으로 원하는 형태를 구현하기 쉬워 상업 공간에 활발하게 쓰인다. 인조대리석보다 더 석재를 닮은 엔지니어드 스톤Sar03도 있다. 국내에서는 2006년 인조대리석에 대한 인식이 보편화되고 더 고급스러운 상판 소재를 찾게 되면서 엔지니어드 스톤 시장이 본격적으로 형성되었으며, 이후 계속해서 쓰임이 늘고 있다.

석재의 색상과 무늬를 모사한 다양한 종류의 인조대리석.

얇게 켜내어 만든 표면재
복합 재료: 석재 타일, 석재 패널

석재는 무늬가 다채롭고 아름답지만 무거운 것이 단점이다. 두꺼울수록 비싸고 시공하기도 어렵다. 구조재에서 마감재로 역할이 바뀐 이후에는 얇게 가공하는 기술이 발전해 요즘에는 3㎜ 정도의 얇은 두께로 자른 석재를 자기질 타일이나 알루미늄 허니콤 패널1)에 붙여 복합 재료로 쓰기도 한다. 표면에는 자연재인 석재의 아름다움을 그대로 담으면서 바탕재는 훨씬 가볍고 저렴한 자재를 사용해 시공이 쉽고 경제적이다. 일반적인 석재 타일은 주로 돌가루와 점토를 섞어 1,200~1,300℃에서 소성하여 만든다. 석재보다 저렴하지만 무늬가 반복되고 인위적인데, 여기에서 소개하는 복합 타일은 실제 석재를 얇게 켜내어 붙인 것으로 일반적인 석재 타일과는 다르다. 신흥스톤은 대리석Sfi02에 다른 소재로 된 바탕재를 결합한 제품을 생산한다. 9㎜ 두께의 자기질 타일에 얇은 두께의 대리석을 접합한 복합 타일은 일반 타일처럼 시공하고 현장에서 재단할 수 있다. 퀵 스톤 플로어는 2.5㎜ 두께의 대리석에 충격을 흡수하는 보강 층과 5㎜ 두께의 플라스틱을 붙여 만든 제품으로, 바닥에 강마루처럼 클릭 구조로 시공할 수도 있다.

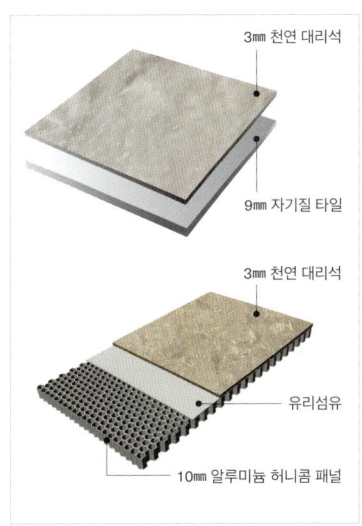

(위쪽부터) 신흥스톤의 대리석 타일과 대리석 허니콤 패널.

Reportage

진화하는 석재
한화L&C 칸스톤P&D팀 황정석 팀장

인터뷰 정경화

한화L&C는 2003년 엔지니어드 스톤Sar03 사업에 뛰어들었다. 현재 세종시에 위치한 칸스톤 생산공장은 약 9,917㎡ 규모로 1년에 최대 55만㎡의 제품을 생산한다. 물성은 석재보다 우수하면서 모습은 가능한 비슷하게 닮아가는 것을 목표로 새로운 기술과 디자인을 끊임없이 개발 중이다.

감씨(감) 인조석Sar, 인조대리석Sar02, 엔지니어드 스톤으로 제품의 분류가 다양하다.

황정석(황) 흔히 인조석과 인조대리석을 혼용하지만, 개념이 다르다. 인조석은 더 포괄적인 개념으로 그 안에 인조대리석과 엔지니어드 스톤이 포함된다. 쉽게 말하면 진짜 돌로 만든 가짜 돌인데, 이 둘도 다른 종류다. 전자는 유기물의 비중이 높아 플라스틱에 가까운 반면 후자는 석영의 비중이 90~92%에 달할 정도로 광물이 많이 들어가 흡사 돌처럼 보인다. 칩 형태로 분쇄된 석영을 묶어주는 접착제 역할을 하는 UPE 수지unsaturated polyester resin가 10% 미만의 비율로 들어가고, 극소량의 안료와 첨가제가 더해져 완성된다. 현재 생산하는 제품 가운데 하넥스Hanex는 인조대리석, 칸스톤Khanstone은 엔지니어드 스톤에 속한다.

엔지니어드 스톤은 강화천연석이라고도 불리는데 자연재인 석재보다 색과 무늬가 균일하다. 강도가 더 높고, 경도는 대리석Sfi02보다 두 배 가까이 더 단단하다. 이러한 물성은 석영 때문에 나타난다. 또한 진공상태에서 압축해서 만들어져 공극이 일반적인 석재의 10분의 1 정도다. 조직이 치밀해 흡수율이 낮고 쉽게 오염되지 않는다. 엔지니어드 스톤이 주방 상판이나 식탁에 많이 쓰이는 것은 바로 이 때문이다. 커피나 음식을 떨어뜨려도 쉽게 닦이고 흔적이 남지 않아 위생적이다. 가격은 통상적으로 한 장에 35만 원 정도로 하넥스와 비슷하지만, 가공비에서 차이가 난다. 경도가 너무 높다 보니 공업용 다이아몬드 톱으로만 자를 수 있을 정도로 가공이 어려워 비용이 많이 든다.

감 세종시와 캐나다 온타리오주에 공장이 있다. 주로 어떤 제품을 생산하나?

황 2003년 이탈리아 브레톤Breton 사와 계약해 세종시에 공장을 짓고, 2004년 11월 제품을 출시했다. 브레톤은 엔지니어드 스톤을 생산하는 설비를 만드는 기업으로 전 세계 대부분의 생산업체에 설비를 공급한다. 이곳에서 기술을 들여와 시작하고, 자체적으로 제품을 개발해나갔다. 2008년에는 캐나다에 공장을 짓고 이듬해 제품을 생산하기 시작했으며, 작년에는 생산라인을 하나 더 추가해 생산량을 두 배로 늘렸다. 해외와 국내시장의 비중은 7대3 정도다. 캐나다 공장에서 생산되는 제품은 대부분 북미 시장에 판매된다. 세종시 공장에서 생산되는 제품은 50%는 국내에서 판매되고, 나머지는 일본, 중국 등 아시아와 호주를 비롯한 오세아니아, 미국 일부 지역에 수출한다. 용도는 90% 이상이 상판재이고 그 외에 욕조, 벽체의 마감재 또는 계단이나 현관의 디딤판, 엘리베이터 바닥, 재료분리대 등 바닥재로 쓰인다. 긁힘에 강한 것이 장점이라 공항처럼 유동인구가 많은 공간에 적합하다.

엔지니어드 스톤이 늘어서 있는 세종시 칸스톤 생산공장의 전경.

Issue of Stone

89

세종시 공장에서 생산되는 제품은 50%는 국내에서 판매되고 나머지는 일본, 중국 등 아시아와 호주를 비롯한 오세아니아, 미국 일부 지역에 수출한다.

엔지니어드 스톤의 원료는 배관을 통해 믹서로 운반된다.

감 제품의 종류는 어떻게 구분되나?
황 색상과 무늬로 구분한다.
바로크Baroque와 클래식Classic은 단색 제품으로 유럽이나 호주에서 선호한다. 로맨틱Romantic, 브리타니아Britannia, 르네상스Renaissance는 안료나 다른 색상의 광물을 넣어 몇 가지 색이 섞인 것으로 국내에서 인기가 높다. 이외에 거울 칩을 넣어 반짝이는 무늬를 구현한 컨템포Contempo가 있다. 미국도 원래 한 제품에 여러 색상이 있거나 화려한 것이 인기였는데 점차 하얀 단색이나 대리석을 닮은 흐름 무늬가 있는 제품으로 바뀌는 추세다. 국내는 북미 시장의 트렌드를 따라가는 편이라 곧 비슷한 유행이 올 것이다. 그러나 이런 트렌드도 요즘에는 점점 비슷해진다. 특히 밝은 흰색 계열은 무늬에 관계없이 전 세계 어디든 베스트셀러다.
표면의 광택과 질감으로도 분류한다. 무광인 혼드honed, 무광이면서 가죽 같은 질감이 나는 레더 피니시leather finish, 오돌토돌한 엠보싱이 있는 앤틱 피니시antique finish(p.101 석재 표면 마감 안내서 참고), 그리고 전체적으로 결이 있는 드리프트drift다. 보통 슬레이트 피니시slate finish라 불리는데 점판암Sfe04처럼 쪼개지는 표면을 구현한다. 그러나 요철 부분을 신경 써서 닦아줘야 하는 등 관리하기가 까다로워 대부분은 매끈하고 유지관리가 편한 유광 제품을 구매한다.
규격은 1,400×3,050㎜로, 가장 많이 쓰이는 주방 상판에 최적화되어 있다. 원판을 절반으로 자르면 일반적인 주방 상판의 폭인 700㎜로, 가공으로 인한 손실량을 최소화한다. 두께는 석재 규격을 기준으로 12, 20, 30㎜가 있다. 세 가지로 나뉘는 이유는 국가마다 선호하는 두께가 조금씩 달라서다. 일본은 작고 가벼운 것을 선호해서 얇은 12㎜를, 미국은 넓은 공간에 어울리는 두꺼운 30㎜를 선호한다. 일본을 제외한 아시아, 유럽은 주로 20㎜를 사용하며 국내도 마찬가지다.

감 모서리 부분을 처리하는 엣지edge 디자인도 여러 가지다.
황 상판의 모서리를 가공하는 기본적인 방법은 이중 접합이다. 20㎜ 두께의 제품을 쓸 때, 두꺼워 보이기 위해 끝부분에 한 장을 덧붙인다. 날카로운 모서리 부분을 살짝 갈아내어 마무리하는데 단점은 옆면을 보면 이음매가 한 줄로 보인다. 최근 유럽에서는 이를 보완한 브이 그루빙V-Grooving이 많이 쓰인다. 모치기 하듯이 직각이 아닌 45°로 절단해서 그대로 접는 것으로, 이음부가 따로 생기지 않으며, 무늬도 끊기지 않는다. 특히 최근 인기인 흐름 무늬 제품은 직각으로 잘라 붙이면 무늬가 뚝 끊기는데 이 방법으로 자르면 모서리를 따라 그대로 이어진다. 그러나 국내에서 이러한 디자인을 구현하려면 가공업체에서 따로 원형이나 45°로 특수가공해야 해 비용이 많이 높아진다. 국내에서는 이중 접합이 압도적이다.

감 시공은 어떻게 하나?
황 판재만 생산하고 시공은 전국의 대리점에서 한다. 상판과 바닥재를 시공할 때의 차이점은 후자는 일정 간격마다 줄눈을 설치한다. 엔지니어드 스톤은 수지 성분이 포함되어 있어 석재보다 열에 의한 수축팽창이 크기 때문에 온도 변화가 큰 곳은 신축줄눈으로 시공한다. 벽이나 바닥에는 건식으로 걸어 시공하기도 하지만 공장에서 정확하게 가공해야 해서 까다롭다. 외장재로는 아직 상용화되지 않았다. 구성 성분 중 하나인 UPE 수지가 자외선을 받으면 색이나 형태가 변하기 때문이다.

감 최근 인조석의 원료로 폐석재, 유리와 자기 같은 재료를 활용하는 연구가 늘고 있다.
황 크게 두 가지 목적을 위해 개발하는데 첫 번째는 친환경이다. 재활용 자재를 원료로 사용한 제품에 주는 SCSScientific Certification Systems인증이 있다. 가구와 건축자재, 섬유와 플라스틱 등의 다양한 분야에 적용되는 것으로, 원료나 제작 과정에서 재활용을 고려한 제품에 주는

칸스톤으로 시공한 미국 애틀랜타 공항의 바닥.

칸스톤으로 시공한 주방 상판.

인증이다. 예를 들어 인증을 받은 일부 제품은 폐거울이나 폐유리를 섞어 만든다. 유럽이나 미국에서는 재료 자체의 재활용을 중요하게 여겨 이 인증이 있는 제품을 더 선호한다. 두 번째는 다채로운 무늬를 만들기 위해서다. 석영은 투명해서 안료로 색을 낸다. 그러나 이 방법은 표현에 한계가 있어, 다른 종류의 유색 광물을 섞어 포인트를 준다. 중요한 것은 이들 중에서도 이산화규소가 포함된 것만 섞을 수 있다. 석영은 이산화규소(실리카, SiO_2)의 함유량이 99% 이상인데, 이 물질이 바로 높은 경도와 강도를 내는 주인공이다. 만약 플라스틱을 섞으면 그 부분은 쉽게 흠집이 생겨 상판으로의 가치가 떨어진다.

엔지니어드 스톤 제작 과정

적절한 비율로 배합된 유기물과 무기물은 열과 압력을 받아 돌처럼 단단한 물질로 다시 태어난다. 엔지니어드 스톤을 만들고 물성을 입히는 과정을 따라가 보자.

❶ 원료 계량
저장되어 있던 석영, 안료, 수지 등의 원료를 비율대로 자동으로 계량한다. 이들은 공장 내 배관을 통해 믹서로 운반된다.

❷ 배합
믹서에서 배합한다. 다중색 제품의 경우 두 단계로 나누어 1차에서 단일 색상을 각각 섞고 2차에서 여러 색상을 함께 섞는다. 배합이 끝나면 시루떡의 떡고물처럼 가루와 덩어리가 섞인 형태가 된다.

❸ 진공 압축 성형
혼합물을 잘게 부순 뒤에 고무 재질의 틀에 넣어 성형한다. 단단하고 딱딱한 물성을 만들기 위한 핵심 공정으로 진공상태에서 진동을 주어 혼합물 사이의 공극을 없애고, 동시에 1~2분 정도 압축해 조직을 밀실하게 한다.

❹ 가공
열을 가해 단단하게 굳힌 반제품의 표면을 평평하게 깎고, 연마석으로 광택을 낸다. 광도는 다듬는 정도에 따라 여러 단계로 조절이 가능하며, 표면 처리도 이 과정에서 이루어진다.

❺ 검수
색상이나 무늬가 균일한지, 균열이나 깨짐이 없는지 육안으로 제품의 상태를 확인한다.

❻ 적재
검수를 마친 제품은 창고에 적재되어 출하를 기다린다. 세종시 한화L&C 칸스톤 공장에서는 하나의 생산 라인을 두어 하루 300장, 약 1,281m^3의 물량을 생산한다.

Issue of Stone

Interview

인간이 만든 석재, 또 다른 가치를 찾다

LG하우시스 표면소재 디자인팀 정유리 팀장

인터뷰 정경화

인조석Sar은 마법의 재료다. 유기물과 무기물을 모아 열이나 압을 주어 성형하면 물도 흡수하지 않고 돌보다 높은 강도를 내는 고성능 재료가 된다. 석재를 모사하기 위해 인공적으로 만들어졌지만, 때로 콘크리트와 같은 전혀 다른 모습이 되기도 한다. LG하우시스 표면소재 디자인팀 정유리 팀장은 자연 석재가 줄 수 없는 가치를 찾아 디자인으로 구현하는 것이 가장 중요한 목표라고 말한다.

감씨(감) LG하우시스는 전 세계 시장에서 엔지니어드 스톤Sar03이 전 세계 4위, 인조대리석Sar02이 2위다. 언제 인조석 사업을 시작했나?

정유리(정) 인조대리석 브랜드 하이막스Hi-Macs는 1995년, 엔지니어드 스톤은 2011년에 시작했다. 당시 시장 규모가 가장 크고 성장폭도 높았던 미국에 공장을 짓고, 엔지니어드 스톤인 비아테라Viatera를 출시했다. 출시 전에 미국 서부, 동남부 등 지역별로 나누어 트렌드를 철저히 조사했고, 마케팅 부서나 디자이너 외에 엔지니어도 함께 시장조사를 하며 어떤 제품이 필요할지 고민했다. 그 결과, 수요가 높은 제품을 빨리 선보이며 좋은 반응을 얻었다. 현재 국내에는 충청북도 옥산, 해외에는 미국 조지아주에 생산 공장이 있고, 옥산 공장에서는 인조대리석만 생산한다. 미국에선 생산량이나 판매량 모두 엔지니어드 스톤의 비중이 높은 편이다.

감 주요 소비 시장이 미국과 유럽이다.

정 상업용으로 쓰는 소재는 가격대가 매우 다양하다. 라미네이트Laminate 같은 저가부터 고가의 인조대리석까지 있는데, 엔지니어드 스톤은 이보다 더 비싸다. 통상적으로 시공비를 포함하여 인조대리석의 두 배 정도라 보면 된다. 원래 시장의 규모가 큰 것도 있지만 가격대가 높다 보니 선진국에서 수요가 더 높은 편이다. 미국이 가장 높고, 그다음이 유럽이다.

감 두 제품은 각각 어떤 성분으로 이루어져 있나?

정 하이막스는 40%는 유기물인 MMAMethyl methacrylate, 60%는 무기물인 광물로 이루어진다. 석유를 원료로 하는 플라스틱을 아크릴이라 하는데, MMA는 여러 종류 중에서도 순도가 높은 아크릴이다. 이것만으로 만들면 매끈한 플라스틱인데, 여기에 광물 가루를 섞으면 석재의 느낌이 난다.
비아테라의 구성 성분은 90% 이상이 석영이고, 나머지는 유기물이다. 석영은 무색 투명한 알갱이 입자의 광물로, 파우더와 작은 조각인 칩 형태가 있다. 칩은 테라조의 종석처럼 크기가 다양해 디자인에 따라 배합비를 조절한다.

감 각각의 강점은 무엇이며 주로 어떤 용도로 쓰이나?

정 해외와 국내 모두 내외장재보다는 상판으로 이용되는 비중이 훨씬 높다. 엔지니어드 스톤은 흡수율이 낮아 오염이 덜 되고 청소나 관리도 쉽다. 그래서 주방 상판에 가장 많이 쓰이고, 상업 공간에도 자유롭게 적용한다. 2018년 1월 개장한 인천국제공항 제2여객터미널의 벽면과 화장실에 비아테라가 쓰였다.
인조대리석은 과거에는 주방 상판에 쓰였으나 더 우수한 기능을 갖춘 엔지니어드 스톤이 점차 그 자리를 대체해 지금은 주로 상업 공간에 쓰인다. 그럼에도 스타벅스 매장의 카운터나 공항 화장실

등에 쓰이며 엔지니어드 스톤보다 용도가 훨씬 다양한데, 그 이유는 가공성과 시공성이다. 열을 가해 성형할 수 있어 가공이 쉬우며, 특히 이음매 없는 시공이 가능하다. 판재와 판재를 연결할 때, 전용 접착제로 붙이고 이음부를 갈아내서 하나의 표면처럼 만드는데 접착제가 같은 소재로 물성이 똑같기 때문에 완전히 결합되어 밀실하게 접착한다. 틈새 없는 마무리가 가능해 위생성이 강조되는 병원이나 자유로운 형태로 디자인한 상업 공간에서 쓴다. 단점은 스크래치에 약하다. 가공이 쉬운 것은 성분의 40%를 차지하는 유기물 때문인데, 역으로 이 때문에 긁히거나 훼손될 가능성이 커서 중보행용 공간의 바닥에는 권장하지 않는다. 일부 제품군은

Issue of Stone

인조대리석은 가공성과 시공성이 높아 자유로운 형태로 디자인한 상업 공간에 많이 쓰인다.
사진은 하이막스 뉴 콘크리트 컬렉션 제품으로 마감한 공간.

외장재로도 쓰인다. 그러나 불연재가 아니라서 국내에서는 건축법상 5층 이하 건물에만 사용할 수 있다.

감 디자인에 따라 몇 가지의 유형이 있나?
정 크게 천연석과 비천연석을 모사하는 제품군으로 나뉜다. 하이막스의 경우, 천연석을 모사하는 종류는 실제 제품을 잘게 부수어 만든 칩으로 화강암Sfe01이나 대리석Sfi02 무늬를 표현한다. 비천연석을 모사하는 제품군은 단색 제품인 솔리드Solid, 투명도가 있어 빛을 투과하는 루센트Lucent, 콘크리트를 모사한 제품 등이 있다. 질감은 유광과 무광이 있는데 대부분은 현장에서 시공할 때, 샌딩기계를 사용해 광도를 조절한다. 기본 규격은 760×3,680×12㎜로, 일부 색상은 6, 9㎜의 두께로도 생산해 벽에 붙일 때는 얇은 것을 사용한다. 길게 뽑아내고 재단하는 시스템이라 길이는 경우에 따라 조절이 가능하다.
비아테라는 단색의 작은 칩이 있는 모노Mono, 칩을 넣지 않아 깨끗한 느낌의 퓨어Pure, 칩의 크기가 크고 색상이 다양한 멀티Multi, 대리석 무늬를 모사한 베인Vein 등이 있다. 색상은 36가지이고 질감은 유광만 있다. 규격은 대부분 3,200×1,600×20㎜다. 두께가 두꺼울수록 인건비나 비용이 많이 들어 얇게 하는 추세다.

감 최근의 트렌드는 어떻게 변하고 있나?
정 엔지니어드 스톤은 주거 시장, 인조대리석은 상업 공간의 트렌드에 주목한다. 엔지니어드 스톤 시장에는 미국의 주거 트렌드가 많이 작용하는 편이다. 화강암보다는 대리석을, 천연석 중에서도 고가의 흔하지 않은 돌의 무늬를 모사하는 것이 관건이다. 대리석은 산에 약하고, 물이나 김치국물 등이 떨어지면 바로 흡수되기 때문에 주방에서는 쓸 수 없는데, 이를 대체하는 재료로 많이 찾는다. 국내에서는 아직 화강암 패턴이 인기지만 요즘에는 하얀 대리석 무늬의 제품에 대한 수요도 늘고 있다. 그러나 최근 유럽을 시작으로 하얀색에서 까만 대리석으로 점차

자하 하디드Zaha Hadid가 설계한 광저우 오페라 하우스 실내 공간. 천장을 하이막스 알파인 화이트 제품으로 마감했다.

유행이 바뀌는 추세다.
인조대리석의 경우 주거용 시장이 컸을 때는 화강암을 모사한 제품이 많이 쓰였다. 그러나 상업용 시장이 커지면서 잔잔한 무늬의 흰색이나 회색 계열, 깔끔하고 깨끗한 대리석 무늬나 콘크리트로 바뀌고 점점 비천연석으로 넘어가는 추세다. 이런 트렌드에 맞추어 2013년에 출시되었던 콘크리트를 모사한 제품을 리뉴얼하여 출시했다. 상업용 제품으로 계획했는데 집을 카페처럼 꾸미고 싶어하거나 인더스트리얼 디자인을 원하는 소비자가 의외로 많아 주거용으로도 반응이 좋았다.

감 소비자 입장에서 인조석을 선택할 때의 팁이 있다면?
정 가장 먼저 주방, 세면대, 또는 물을 쓰지 않는 공간 등 용도를 고려해야 한다. 색상은 벽, 바닥 등 주변의 색에 어울리도록, 무늬는 공간의 규모를 고려하여 결정한다. 공간이 넓으면 흐름 무늬로 시원시원하게 쓸 수 있지만 좁은 공간에는 밝고 무늬가 자잘한 디자인을 쓰는 것이 좋다. 유지관리도 고려한다. 같은 물성이라도 어두운 색은 스크래치가 눈에 잘 띄고, 무광은 손자국이 남을 수 있으니, 유지관리가 어려운 경우에는 밝은 유광 제품을 쓰는 게 낫다. 미국의 소비자들은 때로 "100% 아크릴이에요?"라는 질문을 하기도 한다. 100% 아크릴로 만들어졌는지를 묻는 것이 아니라 여기 쓰인 아크릴이 순수한 아크릴이 맞냐는 뜻이다. 중국산은 비용 때문에 간혹 다른 재료를 섞어 쓰기도 하는데, 이로 인해 품질이 떨어진다. 그러나 국내시장은 아직 DIY가 익숙하지 않아 소비자가 그런 부분에 대해 잘 모른다. 육안으로 물성을 확인하기는 어려우니 제품 뒷면에 쓰여진 제조사나 브랜드를 꼼꼼히 확인하기를 권한다. 국산은 대부분 품질이 보증되어 있는 편이다.

Issue 4

Application of Stone

가공과 시공 글 정경화

가공과 시공은 정해진 규격 또는 원판으로 나온 석재가 공간에 제 몸을 맞춰가는 단계다. 가공 공정 중에서도 특히 표면 마감은 쪼거나 갈아내는 등의 여러 방법을 이용해 석재를 다양한 모습으로 바꾸는 중요한 공정이다. 적절히 가공하고 부위마다 다른 방법으로 시공해 건물에 어울리는 옷이 되어가는 과정을 알아보자.

Finish of Stone

석재 표면 마감 안내서

글 정경화

석재는 표면을 어떻게 처리하느냐에 따라 같은 재료가 전혀 다르게 느껴질 정도로 색감과 질감이 변한다. 다른 재료에 비해 표면 가공법이 다양하고 계속해서 새로운 기술과 방법이 등장하는 이유다. 필요에 따라 두 가지 방법을 조합해 원하는 효과를 내기도 한다.

손다듬기

❶ 혹두기 froasted work

혹두기는 석재 표면을 쇠메[1]로 다듬질해 울퉁불퉁한 혹 모양으로 거칠게 마감하는 방법이다. 원석의 잘린 면을 그대로 드러내는 쪼갬 마감과 비슷하지만, 석재의 가운데를 두껍게 다듬는 것이 특징으로 원석의 강하고 힘있는 육중함이 드러난다. 혹 모양의 크기에 따라 대, 중, 소의 세 가지로 구분하고 혹의 크기와 요철이 커질수록 필요로 하는 석재의 최소 두께도 두꺼워진다. 건물 기단부의 외장재나 옥외조경 시설에 많이 쓰인다. 주로 보행에 불편을 주지 않는 범위에서 디딤돌로 사용해 자연적인 느낌을 연출하거나 작게 혹두기해 미끄럼 방지용 바닥재로 활용한다.

❷ 정다듬 chiseled work

끝날이 뾰족한 정이나 망치로 쪼아 표면을 평평하게 만드는 방법이다. 정으로 타격해서 생긴 흰 자국이 거칠게 나타난다. 정자국의 간격과 깊이가 일정하게 유지되어야 하고 혹두기와 마찬가지로 요철이 커질수록 석재의 최소 두께도 두꺼워진다. 정자국의 빈도에 따라 거친정다듬과 중간정다듬, 고운정다듬으로 나뉜다. 100cm²의 면적에서 거친정다듬은 정자국이 5개, 중간정다듬은 25개, 고운정다듬은 40개 정도 나타난다. 옥외 조경시설이나 건물의 외벽면에 주로 쓰이고 석재의 감추어진 면, 즉 마감재의 붙는 부분을 다듬는 데 이용한다. 거친정다듬은 분수대의 벽면으로도 잘 어울린다.

❸ 잔다듬 dabbed finish

정다듬한 돌 표면을 날망치로 정교하게 다듬는 마감이다. 날망치를 일정한 방향과 간격으로 치밀하게 깎아 고른 표면을 만든다. 표면을 때리면서 하얀 점들이 생겨 전체적으로 원래보다 밝아진다. 주로 물성이 부드러운 석재를 다듬을 때 사용하며, 국내 전통 건축에서 화강암Sfe01을 다듬는 방식으로 많이 쓰였다. 정다듬과 잔다듬의 중간인 도드락다듬bush hammered finish도 있다. 잔다듬보다 요철이 크고 질감은 더 거칠다. 거의 모든 종류의 석재에 적용할 수 있어 미끄럼 방지용 바닥재나 내외벽의 마감재로 폭넓게 쓰인다. 국내에서는 잔다듬과 도드락다듬을 구분하지만 외국에서는 구분없이 혼용한다.

❹ 줄다듬 rigato

줄다듬은 석재 표면에 일정한 간격으로 줄이 나도록 다이아몬드 톱이나 정으로 다듬질하는 방법이다. 벽의 마감에 주로 사용하는 방법으로 선형 패턴의 간격이나 크기에 따라 디자인 요소로 활용되기도 한다. 대부분의 석재에 적용할 수 있으며 바닥에 쓰면 미끄럼 방지 효과가 있다. 디자인스튜디오의 건축가 김종호는 파크로쉬 리조트앤웰니스의 가리왕라운지 벽면 일부를 줄다듬을 응용한 방법으로 가공했다(p.124 공간에 어울리는 물성과 질감을 찾다 참고).

화염처리

❺ 버너구이 flamed

화염온도가 약 1,800~2,500℃인 고열의 불꽃을 석판으로부터 30~40㎜ 정도 간격을 두고 뿜어내어 표면을 굽는다. 이러한 화염처리를 국내에서는 버너구이 또는 제트마감이라 부르는데, 해외에서는 플레임드라는 용어를 더 많이 쓴다. 조금 거칠지만 고른 표면이 잔다듬과 비슷하다. 불에 그을리고 표면이 엷게 벗겨지면서 기존의 색상이나 무늬의 차이가 줄어들고 전체적으로 균일해진다. 색상은 원래보다 조금 어두워지며, 고열로 인해 모양이 휘어지거나 입자가 변형되어 강도에 영향을 줄 수 있다. 석회암Sfi01, 대리석Sfi02 등 내화성이 낮은 석재에는 쓸 수 없어 화강암이나 강도가 높은 일부 석회암에 사용한다.

연마

❻ 본갈기 (혼드, honed)

반연마로, 대개 혼드라는 용어로 더 익숙하다. 카보런덤[2]이나 다이아몬드 숫돌로 광이 나지 않을 정도로만 표면을 갈아 내어 부드럽고 매트한 면을 만든다. 갈아내는 횟수에 따라 매트한 정도를 조절할 수 있다. 광택이 있는 것에 비해 표면이 또렷하지 않고 흐릿한 느낌이 들며 질감이 거칠다. 석재의 자연스러운 느낌을 살릴 수 있지만 흡수율이 높으므로 미리 전용 보호제를 발라주는 것이 좋다.

❼ 물갈기 wet-rubbed

본갈기가 반연마라면 물갈기는 본격적인 연마다. 연삭기에 물갈기용 숫돌을 부착하여 물을 뿌리면서 연마하거나 연마지에 물을 묻혀 갈아내는 것으로 거울처럼 매끄러운 표면이 나타나고 석재의 색상과 문양도 더 선명해진다. 흡수율이 낮고 오염이 덜 되어 실내 인테리어를 비롯해 가장 보편적으로 쓰이는 방법이다. 다만 물기가 있으면 미끄러지기 쉬우므로 옥외 바닥에는 사용하지 않는다.

물갈기보다 더 광도를 높인 정갈기 polished 도 있다. 본갈기한 표면을 광내기 가루로 문질러 더 평활하고 광택이 나게 한다. 그러나 실제 현장에서는 잘 사용하지 않고, 연마는 대개 물갈기나 본갈기로 마감한다.

용어정리

1) 쇠메 쇠로 만든 메. 메는 물건을 치거나 박을 때 쓰는 무거운 방망이로 망치와 비슷하다. 석공용 쇠메는 돌을 나누거나 다듬는 데 사용한다.

2) 카보런덤(carborundum) 인류가 만든 가장 단단한 물질. 탄화규소(SiC)의 상품명으로 규사와 코크스를 약 2,000℃의 전기로에서 강하게 가열하여 만든다. 연마재, 내화재료로 쓰인다.

분사와 압력

❽ 모래분사다듬 (샌드 블라스트, sand blast)

모래(금강사)를 고압으로 분사해 표면을 벗기고 깎아내는 마감 방법으로, 사포로 갈아내는 것과 비슷한 효과를 낸다. 부드럽게 표면을 마모하여 색상이나 무늬가 한결 옅어진다. 고무판 등을 원하는 모양대로 붙이고 가공해 무늬나 글씨를 새길 수 있으며, 대리석을 비롯한 모든 석재에 적용할 수 있는 것도 장점이다. 금강사 대신 작은 강철이나 스테인리스 스틸 구슬을 강한 압력으로 분사하여 같은 효과를 내기도 한다.

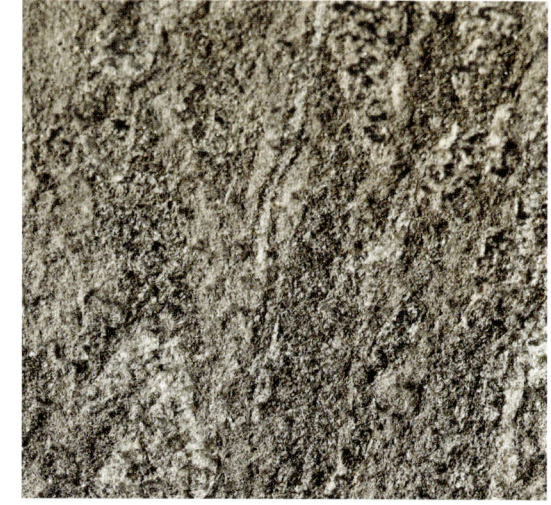

❾ 물다듬 (워터젯, water jet)

석재에 고압수를 분사하여 표면을 박리해 질감을 표현한다. 표면을 벗겨낸다는 점에서 버너구이나 모래분사다듬과 유사하지만 물성이나 색상을 그대로 유지하는 것이 장점이다. 빗살무늬를 비롯해 다양한 모양이나 문양을 연출할 수 있고 표면 가공 외에 석재를 재단할 때도 활용한다. 거친 정도를 조절할 수 있어 장식재나 미끄럼 방지 바닥재 등으로 다양하게 쓰인다.

❿ 브러시 brush

와이어나 쇠, 다이아몬드로 만든 브러시로 표면에 압을 주어 가공한다. 솔질하면 약한 부분은 들어가고 강한 부분은 남으면서 자연스럽게 굴곡이 진다. 본갈기와 마찬가지로 표면의 색상이 옅어지는 대신 부드러운 질감이 살아난다. 미끄럽지 않고 낡은 느낌을 낼 수도 있다. 버너구이와 병행한 버너 브러시가 많이 쓰인다. 버너구이하여 표면을 오돌토돌하게 벗겨낸 석재를 와이어 브러시로 한결 부드럽게 처리하는 방법으로, 입체적이면서도 고른 표면을 만들 수 있다.

가공법의 응용

⓫ 앤틱 antique

앤틱이라는 단어처럼 표면에 입체감을 주어 오래된 느낌이 나도록 가공하는 것을 뜻한다. 주로 산성의 화학약품을 이용해 대리석의 표면을 녹이는 것을 말하는데 브러시나 버너구이 등 물리적인 방법을 활용하기도 한다. 국내 석재 가공업체인 히스핸드에서는 모래분사다듬과 앤틱을 결합한 새틱 마감을 한다. 모래분사다듬한 석재는 표면이 하얗게 뜨고 질감이 거칠어 오염되기 쉬운데 이를 약품으로 한 겹 녹이고 코팅하면 유지관리가 수월해진다.

⓬ 레더 피니시 leather finish

이탈리아에서 10여 년 전에 개발한 가공법으로 와이어 브러시를 이용해 표면에 굴곡을 낸다. 앤틱 마감처럼 오래된 느낌이 나며 광이 나지 않고 자연스럽다. 표면을 만졌을 때 가죽과 같은 울퉁불퉁한 질감이 느껴지고 지문이나 얼룩이 잘 숨겨지는 것이 장점이다. 청소나 유지관리가 쉬워 주방 상판에 적합하며, 주로 어두운 화강암이 많이 쓰인다.

촬영한 석재 제품

제품협찬 일신석재
①, ②, ⑤, ⑦(위) 중국마천석
③ 중국사비석
④ 지알로포르테
⑥(아래), ⑦(아래) 네로마르퀴나
⑧ 티타늄
⑩ 판테온
⑪(위) 블루바티라

제품협찬 토탈석재
⑥(위) 아라베스카토
⑨ 매트릭스
⑪(아래) 오리엔탈그린
⑫(위) 문나이트
⑫(아래) 스케이아 브라운

Expression of Stone Finish

표면에
표정을 입히다

석재디자인연구소 히스핸드

글 정경화

석재는 오랫동안 변하지 않아 인물, 역사 등 기억해야 할 중요한 것을 기록하고 남기는 데에 적합한 재료다. 때문에 표면 가공 기술은 질감을 조절하는 것 외에 글자나 그림을 새기는 데에도 쓰인다. 여러 방법 중에서도 약품을 사용하는 화학적인 가공법으로 재료에 표정을 만드는 작업에 주목해본다.

표면을 다루는 새로운 방법

석재는 색과 무늬가 다양하다. 하지만 사람들은 금세 익숙해지고 새로운 것을 찾기에 석재를 가공하는 사람들은 표면에 변화를 주는 방법을 늘 고민한다. 잔다듬, 샌드블라스트, 워터젯 등 표면을 처리하는 방법은 많지만 대부분 물리적인 방식인데, 국내의 석재 가공업체인 석재디자인연구소 히스핸드 HIS HAND는 여기에 화학적인 방식을 도입했다. 석회 성분을 녹이는 약품으로 석재를 조각하는 N.M.C Nontoxic Melting Coating 침전 공법과 색감을 빼는 매트피니시 matt finish 공법이다.

N.M.C 침전 공법은 우선 시트지로 만든 도안을 석판에 붙인 후에 약품이 든 침전조에 넣는다. 시트지로 덮인 부분은 그대로 유지되고 표면이 노출된 부분은 석회 성분이 반응하며 녹는다. 10분 정도 지나면 약 5㎜의 깊이로 녹으며, 깊이는 약품의 농도와 노출되는 시간, 온도로 조절한다. 어느 부분을 노출하는지에 따라 음각, 양각 관계없이 가능하며, 시트지를 여러 부분으로 나누고 순차적으로 떼는 방법으로 단차를 줄 수도 있다. 또한 약품은 맨손으로 만져도 안전하다.

N.M.C 침전 공법이 조각하는 것이라면 매트피니시 공법은 약품으로 석재의 색만 제거한다. 석종과 관계없이 어두운 색상이면 작업이 가능하고 음영에 차이를 주어 입체적으로 표현할 수도 있다. 단차가 생기지 않아 사람들이 많이 드나드는 로비나 입구 바닥에 적합하다.

작업하는 석종은 70% 이상이 대리석 SiO_2이다. 석회 성분이 많아 원하는 부위를 녹이기가 쉬워서다. 대리석은 물성이 무르고 흡수율이 높아 쉽게 오염되는 것이 단점인데 약품은 이를 보완한다. 표면의 공극을 채우면서 석재의 강도를 1.6배 정도 높이고, 한 겹 코팅해주어 오염에도 강해지는데 이는 물리적인 방법으로는 구현할 수 없는 장점이다.

작업 효율도 더 높다. 물리적인 방법은 한 대의 기계로 한 장을 조각하지만, 이 방법은 침전조에 여러 장을 담가 한 번에 작업한다. 효율성이 드러난 대표적인 작업은 동대문구 제기동에 위치한 법화정사 건물이다. 이곳의 외벽은 법화경의 7만 자를 25×25㎝ 크기로 새긴 석재 패널로 둘러싸여 있다. 최운봉 대표는 "6명의 인원으로 1,000㎡가 넘는 물량을 40일 만에 완성했다"고 말한다.

가공법의 쓰임과 활용

히스핸드는 화학 공법으로 석판에 글씨나 그림을 새겨 벽화, 기념비 등을 제작한다. 표면을 가공해 요철을 만든 석재를 욕실, 사우나 등 미끄러지면 사고가 우려되는 곳에 미끄럼 방지 바닥재로 쓰기도 한다.

새로운 자재를 만드는 것 외에 석재를 재활용하는 데에도 가공 기술을 활용한다. 유통 회사는 대부분 대리석을 천막으로 덮어 외부에 보관하는데, 2~3년 정도 지나면 광택이 사라지고 표면에 흠집이 생긴다. 다시 연마하려면 운반비, 가공비가 많이 들고 그렇다고 그대로 판매할 수도 없는데, 이를 침전공법으로 가공하면 원래의 표면을 녹이고 새로운 표면이 드러나 자재로 쓸 수 있다. 최근에는 침전 부분에 야광 물질을 채워 넣어 불이 났을 때 대피하는 표식도 개발 중이다. 이제 석재의 가공 기술은 단순히 표면을 다듬거나 조각해 아름답고 보기 좋게 만드는 것에서 더 나아가 새로운 기능을 더하고 재료의 쓰임을 늘리는 발판이 되어가고 있다.

Construction of Stone
부위별 석재 시공법

글 정경화

석재는 시공하는 부위나 면적에 따라 적용하는 공법이 조금씩 달라진다. 방법에 따라 필요한 자재나 석재의 두께, 주의해야 할 사항에도 차이가 있다. 또한 벽돌과 마찬가지로 석재 사이의 줄눈을 어떻게 처리하느냐에 따라서도 건물의 느낌이 달라진다. 실내와 실외, 바닥과 벽으로 나누어 상황에 맞는 적절한 시공 방법을 알아보자.

실내 바닥

바닥 습식 공법 모르타르로 석재를 붙이는 공법으로 주택을 비롯한 소규모 건물을 시공하는 데에 주로 쓰여왔다. 시멘트와 모래를 1대 3의 비율로 섞은 건비빔 모르타르를 80~120㎜ 두께로 덮어 바닥 면을 평평하게 고르고 압착시멘트와 물을 섞어 바른다. 그 위에 석재를 올리고 고무망치로 두들겨 고정한다.

습식 공법은 간단하고 비용이 적게 든다. 시공 두께가 얇아 내부 공간을 확보하기에는 유리하지만 구조체의 변형이나 하자가 마감 면에 그대로 전달된다. 모르타르가 굳는 데 시간이 오래 걸리는 것도 단점이다. 수분이 침투하면 시멘트와 반응해 백화 현상이 일어날 수 있으므로 모르타르가 닿는 면에는 미리 발수제를 발라두자. 건식 공법이 등장하기 전에는 벽면에도 적용되었지만, 지금은 대부분 실내 바닥에만 사용한다.

실외 바닥

바닥 건식 공법 실외 바닥을 습식 공법으로 시공하면 눈이나 비로 모르타르가 젖어 백화 현상이 일어난다. 따라서 습기에 자주 노출되는 외부나 구조체와 석재 사이에 공간을 확보해야 하는 경우에는 건식 공법을 쓴다. 구조체와 석재 사이를 띄우는 자재로는 주로 ㄱ자형의 강재인 앵글을 이용한다. 바탕면 위에 앵글을 적절한 높이로 설치하고 수평을 맞춰가며 석재를 놓는다. 앵글과 석재 사이에는 석재의 충격을 흡수하고 미세한 높이 차이를 맞춰주는 충전재를 설치하고, 석재와 석재 사이에는 간격재를 배치해 줄눈 간격을 일정하게 맞춘다.

실내 벽면

벽체 습식 공법 벽면을 습식 공법으로 시공할 때에는 모르타르를 채우기 전에 철물로 석재와 구조체를 연결하는 공정이 추가된다. 구리선이나 스테인리스 스틸선으로 석재와 구조체를 연결하고 필요한 경우 철근을 추가로 배근하기도 한다. 구조체에 600~900㎜ 간격으로 수직근을, 석재의 가로줄눈 위치에 맞추어 수평근을 배치한 후 용접한다.

이 공법은 하중이 분산되지 않으므로 면적이 넓고 층고가 높은 공간에는 부적합하다. 요즘에는 대부분 에폭시로 접착하거나 앵글로 고정하는 건식 공법으로 대체되고 있다.

건축가 정의엽은 제주 하늘고래의 외벽 골조 면에 얇은 현무암 타일을 접착제로 붙여 마감했다.

파크로쉬 리조트앤웰니스의 실내 벽면 시공 현장. 각파이프로 구조체를 짠 후 앵글로 석재를 고정하고 있다.

접착제 부착 공법 매우 얇은 판석이나 석재 타일 등 크기가 작고 비교적 경량인 자재를 전용 접착제로 한 장씩 부착하는 공법으로 석재를 얇게 가공하는 기술이 발달하면서 도입되었다. 일반적으로 콘크리트, 조적벽, 건식 벽체나 금속판 등 평평하고 고른 바탕 면에 사용한다. 실내의 경우 바탕 면이 평평하지 않으면 각재로 틀을 짜거나 MDF, 합판을 덧대어 평평한 면을 새로 만들기도 한다. 접착제는 주제와 경화제를 1대 1로 섞어 쓰는 석재용 에폭시를 주로 이용한다. 건축가 정의엽은 제주 하늘고래(p.53 제주 풍경을 담은 돌집 참고)에서 크기가 작고 얇은 현무암Sfe03 타일을 외벽 골조 면에 석재용 접착제로 붙여 마감했다. 그러나 일반적인 외장용 석재를 쓰는 경우에는 탈락할 우려가 있어 실내에 주로 쓰이며 크기도 제한된다.

건식 공법에 비해 시공 두께가 얇아 비교적 규모가 작은 주거 공간에 효과적이다. 면적이나 높이에 따라 연결철물을 함께 시공하기도 한다. 구조체와 석재에 구멍을 뚫고 녹이 생기지 않는 구리선을 걸어 안정성을 높인다. 그러나 이 방법 또한 하중이 아래쪽의 석재로 전달되는 것은 같으므로 높이가 높은 벽면에는 건식 시공을 하는 것이 안전하다.

실내, 실외 벽면

앵커 긴결 공법 앵커, 앵글, 플레이트, 고정핀 등 연결철물을 이용해 석재 패널을 건물의 구조체에 한 장 한 장 직접 고정하는 건식 공법이다. 습식 공법의 경우 석재와 구조체가 하나가 돼 외력에 대응한다면, 앵커 긴결 공법을 비롯한 건식 공법은 연결철물이 풍하중, 지진 등의 외력과 각 패널의 하중을 구조체로 전달한다.

먼저 구조 벽체에 드릴로 약 40㎜ 깊이의 구멍을 뚫어 앵커를 박은 다음 ㄱ자 모양의 앵글을 고정한다. 앵글에 평평한 플레이트를 연결하고 그 끝에 달린 핀을 미리 뚫어둔 석재의 구멍에 끼운다. 이때 앵글은 위의 하중이 아래로 전달되지 않도록 석재의 아랫면을 받치는 역할을 한다. 상부 판재의 하중이 일정한 간격으로 벽에 전달되기 때문에 비교적 안전하고, 석재가 떨어지는 등의 하자가 적다. 마감 거리는 대부분 100㎜를 유지하며 앵글은 보통 석재 1장에 2개를 쓴다. 그러나 부재의 크기나 간격, 개수, 마감 거리는 정확한 구조계산을 거쳐 결정해야 하고 필요한 경우 보강철물을 추가로 사용해야 한다.

구조체와 석재 사이의 공간은 결로를 막고 단열을 높여주며, 단열재를 시공할 수도 있어 외단열이 가능하다. 그러나 앵커를 구조체에 고정하기 위해 단열재를 파내다 보면 단열이 깨지는 것이 문제다. 단열재의 손상을 최소화하거나 시공성을 높이기 위해 다양한 모양으로 개량한 연결철물이 계속해서 개발되고 있다. 건축가 신호섭은 노형동 네오플사옥 네오마루에서 단열재의 파손을 최소화하는 앵글받침 부자재를 사용해 시공 품질을 높였다(p.57 현무암으로 숲 속의 편안한 배경을 짓다 참고).

고층이나 대규모 건물에 유리한 방식이지만 건식 공법 중에서는 시공비가 저렴하고 방법이 간단한 편이어서 실내와 실외를 가리지 않고 두루 쓰인다. 줄눈의 시공 여부에 따라 석재용 실링재sealant를 채우는 것과 줄눈이 없는 오픈조인트 공법으로 나뉜다.

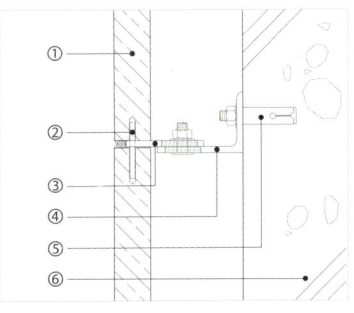

앵커 긴결 공법 단면상세도
① 30㎜ 석재
② 핀
③ 플레이트
④ 앵글
⑤ 세트앵커
⑥ 콘크리트 구조체

오픈조인트 공법 건식 공법에서는 실리콘과 같은 실링재로 줄눈을 시공하는데, 외부에 오랫동안 노출되면 직사광선이나 급격한 기후변화 등으로 실링재가 제 기능을 하지 못하고 누수, 결로가 생긴다. 이를 사전에 방지하기 위해 개발되었다. 줄눈을 따로 시공하지 않고 틈을 열어두는 방법으로, 석재 패널벽을 기준으로 바깥의 외부와 안쪽 공간의 기압을 동일하게 유지해 빗물이 들어오는 것을 최소화한다. 비바람을 막는 것은 석재 패널 안쪽에 설치한 차수층이 담당한다. 석재 아랫면을 받치는 기존의 연결철물을 사용하면 석재 사이의 틈으로 보일 수 있기 때문에 석재 뒷면에 구멍을 뚫어 구조체와 고정하는 등 다른 방식의 연결철물을 사용한다.

앵글과 플레이트를 이용해 석재와 구조체를 연결한 모습.

규모가 큰 석재 커튼월 건물은 유닛 공법으로 시공하면 쉽고 빠르게 완성할 수 있다.

줄눈의 재료인 실링재는 실리콘, 폴리우레탄 등으로 부재와 부재 간의 접합부에 채워 수밀성, 기밀성을 높인다.

실외 벽면

유닛 공법 석재를 커튼월 공법으로 시공하는 것을 의미한다. 프레임 형태로 유닛화된 구조체에 석재를 붙여 일체화한 유닛 석재 패널을 공장에서 미리 제작하고 현장에서는 타워 크레인 같은 인양 장비로 설치하는 작업만 한다. 프레임의 수직 부재는 석재의 하중과 풍하중 등을 건물 구조체로 전달하는 역할을 하며, 수평 부재는 각 패널의 위아래에 나 있는 홈으로 삽입되어 석재 패널과 단단히 결합한다. 프레임 구조체는 빗물이 닿아도 손상되지 않아야 하므로 부식되지 않는 알루미늄이나 스테인리스 스틸, 아연용융도금판으로 제작한다.

앵커 긴결 공법과 비교하면 석재 외벽을 경량화할 수 있고, 위치를 맞추어 직접 하나하나 고정하는 것이 아니라 미리 완성한 자재를 현장에서 바로 설치할 수 있다는 것이 가장 큰 장점이다. 현장에서 직접 시공하는 것보다 비용이 10~15% 정도 높지만, 미리 조립하므로 품질관리가 수월하고 더 적은 인원으로 공기를 단축할 수 있다. 대형 건물의 외벽을 시공하는 데에 많이 쓰이며, 어떤 바탕체에 석재 패널을 붙이느냐에 따라 알루미늄 커튼월 공법, CRC 패널 공법 등이 있다. CRC 패널 공법은 철골 프레임과 단열재, CRC 보드 Cellulose fiber Reinforced Cement Board 가 한 세트인 CRC 패널에 석재를 마감재로 붙인다.

트러스 앵커 긴결 공법 유닛 공법과 비슷한 방식으로, 철제 트러스로 구조체를 만든다. 현장에서 제작한 트러스에 석재를 고정한 후 건물 구조체에 설치한다. 유닛 공법이 대부분 공장에서 자재를 제작해와 현장에서는 설치만 한다면 트러스 공법은 주로 현장에서 트러스를 짠다. 일반적으로 트러스는 수직재로 각파이프를, 수평재로 C형강이나 L형강을 쓴다. 트러스에 석재를 고정하는 방법은 앵커 긴결 공법과 같다. 수평재에 앵글을 고정하고 플레이트를 연결해 석재를 부착하며, 트러스는 건물의 구조체에 앵커를 박아 고정한다. 현장에서 트러스를 미리 조립한 후에 시공하므로 공기가 줄어들고, 한 장씩 설치하는 경우보다 작업의 품질과 속도를 함께 높일 수 있다.

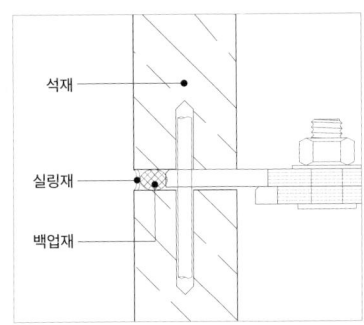

석재 줄눈 단면상세도

TIP 석재의 줄눈

벽돌과 마찬가지로 석재도 줄눈의 색상이나 모양을 조절해 강조하거나 감춘다. 줄눈의 색이 어두우면 석재가 도드라져 보이고, 석재의 색상과 비슷하면 단일한 조형물처럼 보이지만 생동감이 떨어진다. 줄눈의 시공은 백업재와 실링재를 채우는 작업으로 나뉜다. 백업재는 틈새를 메우는 재료로 이것 없이 실링재만 시공하면 시간이 지나면서 갈라질 수 있다. 실링재는 실리콘, 폴리우레탄 등으로 부재와 부재 간의 접합부에 채워 수밀성, 기밀성 등을 높이는 재료다. 지정된 두께의 백업재를 끼우고 실링재는 가로와 세로의 순서로 시공한다.

Book-matched Stone

원석의 무늬를
섬세하게 옮기다

글 정경화

북매치Book Match는 본래 나뭇결이 대칭을 이루게 벗겨낸다는 뜻의 목공 용어지만, 석재의 무늬를 연속적으로 맞추어 시공하는 방법을 지칭하기도 한다. 석재 본연의 아름다움을 공간에 그대로 담아내는 북매치 공법에 대해 알아보자.

무늬에 규칙성을 더하다

북매치는 무늬가 강하면서 앞뒤로 비슷한 석재를 가공해 데칼코마니처럼 좌우 또는 상하로 대칭을 이루도록 표현하는 방법이다. 일반적으로 석재는 판석의 앞면만 연마하는데 북매치는 원석을 얇은 두께의 판재로 자를 때 첫 번째 장은 뒷면을, 두 번째 장은 앞면을 연마해 무늬가 대칭을 이루도록 시공한다. 넓은 벽면에 적용하면 그 자체로 하나의 작품 같은 느낌을 준다. 일신석재 조용철 상무는 "예전에는 석종이 많지 않아 잘 쓰이지 않았지만 최근 다양한 무늬의 석재가 들어오고 가공 기술이 발전하면서 수요가 계속 늘고 있다"고 말한다.

북매치의 재료는 화강암Sfe01이나 대리석Sfi02, 입자가 심하게 변형된 다른 변성암 중에서 무늬가 역동적이거나 흐름이 있는 것을 선별한다. 무늬가 특이할수록 희소성이 있어 가격이 높아진다. 그러나 마주한 면의 무늬가 심하게 차이 나면 균형이 맞지 않아 북매치가 불가능하다. 때로 흐름무늬가 아닌 줄무늬를 강조하기도 한다. 이는 데칼코마니처럼 대칭되는 모습은 덜하지만 전체 무늬가 하나로 이어지는 것처럼 보여 석산의 단면을 그대로 잘라낸 듯한 느낌을 낸다.

용도는 대부분 내장재로, 바닥보다는 벽에 사용한다. 전체가 하나의 무늬를 이루기에 한 장에 하자가 생겼을 때, 비슷한 무늬의 제품을 찾지 못하면 전체를 통으로 교체해야 할 수도 있다. 그래서 유지관리가 쉽고 하자가 적게 발생하는 실내 벽에 많이 쓰인다. 주로 공간에 들어섰을 때 가장 눈에 띄고 면적이 넓은 벽에 적용해 강한 무늬가 만드는 효과를 극대화한다. 주거 공간에서는 TV가 있는 거실 벽면에, 상업이나 업무 공간에서는 입구나 안내 공간, 엘리베이터 홀의 벽면에 많이 쓰인다. 여의도 전경련회관의 로비에서는 트래버틴Sfi03을 북매치로 시공한 모습을 볼 수 있다.

북매치 작업하기

북매치는 공장에서 석재를 가공하고 현장에서 시공하는 작업이 유기적으로 이어지므로 가공업체와 시공사의 협업이 중요하다. 소통이 잘 안되면 무늬가 어긋나거나 배치가 전체적으로 맞지 않게 된다.

작업 과정은 먼저, 재료의 손실률과 무늬의 크기, 시공성, 전체 면적을 고려해 한 판의 규격을 결정한다. 보통 폭 1,300~1,800㎜, 길이 2,500~2,800㎜의 원판을 통으로 쓰길 원하지만 파손이나 하자 등의 문제로 2등분 또는 4등분하며, 600×600, 600×800㎜ 정도의 더 작은 규격으로 나누어 시공하는 경우가 많다.

각 장마다 번호를 붙이고 이를 작업지시서와 도면에 표기해 그에 맞추어 시공한다. 무늬를 정확히 맞추고 세심하게 시공해야 하므로 일반적인 작업과 비교했을 때 1.2~1.5배 정도 비용이 높아진다.

또한 판재가 파손될 경우에 대비해 같은 원석에서 생산한 판석을 예비로 준비해야 한다. 일반적인 석재는 자재비에 20~30% 정도의 손실률을 적용하는 반면, 북매치는 50~100% 정도. 북매치용 자재가 일반적인 석재보다 1.5~2배 정도 가격이 높은 것은 바로 이 때문이다. 신흥스톤의 허니컴 북매치 제품은 1,200×1,800㎜의 정해진 규격 4장을 한 세트로 구성해, 일반적인 북매치보다 30~40% 정도 저렴하게 판매한다. 비용을 줄이면서 북매치 효과를 내고 싶을 때 좋은 방법이다.

3 Works of Stone

Interview 1
공간에 어울리는 물성과 질감을 찾다

인터뷰 정경화

바위에서 쉬어 갔다고 하여 이름 붙여진 정선 '숙암리(宿岩里)'에는 지명의 뜻이 고스란히 담긴 파크로쉬 리조트앤웰니스가 자리하고 있다. 이곳에 도착하기까지 거치는 맑은 오대천과 천혜의 자작나무 숲으로 가득한 가리왕산은 안락한 풍광을 자아내는데, 리조트 공간과 곳곳에 배치된 예술 작품, 요가와 명상 같은 운영 프로그램은 주변의 풍광과 함께 '바위'와 '휴식'이라는 주제 아래에 하나로 어우러진다. 인테리어를 맡은 디자인스튜디오의 건축가 김종호는 여러 석재를 다양한 방법으로 사용해 정선의 자연을 녹여내면서도 편안하게 휴식하는 리조트를 완성했다.

김종호
디자인스튜디오 대표

미국 유타주립대학교와 코넬대학원을 졸업하고 미시간대학원에서 건축·환경대학원 박사 과정을 마쳤다. 현재는 디자인스튜디오 대표로 주요 작업은 포스코 더샵, 서초동 아크로비스타, 광화문 현대해상 사옥, 서초동 KCC 사옥이 있다. 특히 인터콘티넨탈 호텔, 파크 하얏트 호텔 등 호스피탤러티에서 두각을 드러냈다. 2009년 미국 인테리어디자이너협회에서 발간한 『세계의 뛰어난 디자이너』에 소개된 최초의 한국인 디자이너로, 골든 스케일 디자인 어워드(2015), 일본 인더스트리얼 디자인 어워드(2016) 등을 수상했다.

석재를 다른 방법으로 마감한 1층 공용 공간.

로비 벽면의 일부는 현대미술 작가인 리차드 우즈가 정선의 자작나무를 주제로 작업한 작품으로 마감했다.

현장에서 채취한 자연석을 쌓아 만든 리셉션의 벽면은 투숙객을 처음 맞이하는 곳에서 정선을 상징적으로 드러내는 역할을 한다.

갑씨(갑) 파크로쉬 리조트앤웰니스(2017)는 국내에 처음 소개되는 웰니스wellness 호텔이다. 어떤 곳인가?

김종호(김) 국내의 호텔은 대부분 주변 여행지를 관광한 후에 잠을 자거나 밥을 먹는 숙박의 개념이다. 이곳은 조금 다르다. 명상, 요가, 트래킹 등 리조트에서 직접 운영하는 프로그램에 참가하며 심신을 가다듬는 활동을 할 수 있다. 아이들이 뛰어 노는 활기보다는 정적인 분위기가 느껴지는 곳으로, 투숙객들은 2박 3일 정도 자연 속에서 머무르며 준비된 프로그램을 체험하고 도시에서 지친 삶을 재충전한다.

갑 이곳의 분위기에 맞추어 공간과 재료는 어떻게 계획했나?

김 우리는 인테리어 디자이너로, 영국의 현대미술 작가인 리차드 우즈Richard Woods는 이곳에 전시될 예술 작품을 만드는 역할로 참여했다. 여느 공간과의 차이점은 작품을 벽에 걸거나 바닥에 놓아두는 것이 아니라 로비나 옥상의 벽면, 야외 스파의 타일 등에 마감재로 사용해 공간과의 관계가 더 밀접하다는 점이다. 작업을 시작하기 전부터 개념을 함께 고민하여 가리왕산의 산세와 바위, 물 등 자연이 만들어내는 장면을 그대로 담는다는 목표를 정했다. 로비 벽면에 정선의 자작나무를 형상화한 그의 작업은 이러한 과정을 충분히 거친 결과다. 그는 작품으로, 우리는 공간으로 방식은 달랐지만, 목표는 같았다.
재료는 전체적으로 따뜻하고 편안한 분위기를 유지하며 가공되지 않은 날것의 느낌을 주려 했다. 특히 호텔은 장소의 목적성에 맞는 재료와 디자인이 중요하다. 매끈한 유리나 금속처럼 자연과 상반되지 않고, 주변과 어우러지는 재료가 이곳의 목적에 맞다고 판단했다. 자연재인 석재와 목재를 주로 쓰고, 금속은 분위기를 방해하지 않는 선에서 재료 분리대나 창호 등 필요한 부분에 최소한으로 썼다. 또한 석재는 표면 처리를 어떻게 하는지에 따라 색감과 분위기가 달라진다. 이곳에 사용한 석재는 거울처럼 반짝이게 연마하는 대신 질감이 느껴지도록 거칠게 마감했다.

갑 로비에 들어설 때부터 바닥과 벽의 어두운 석재와 천장의 목재가 어우러지며 자연스러운 분위기가 느껴진다.

김 로비를 비롯한 공용 공간의 벽과 바닥은 전부 화강암Sfe01(GJ-GREY)이다. 공간의 재료를 통일하면 전달하는 메시지도 강해지는데, 어두운 회색의 화강암은 정적인 분위기를 내며 든든한 바탕이 된다. 패브릭, 금속 등 다양한 재료와 색상의 가구들이 산만하지 않고 잘 어우러지도록 잡아준다. 기능적인 이유도 있다. 겨울에는 근처에서 스키를 타는 사람들이 많은데 대부분 부츠를 신기 때문에 바닥재의 강도가 중요하다. 화강암 중에서도 밀도가 높은 제품을 골랐고, 표면은 불꽃으로 벗겨내고 브러시로 한 번 더 갈아내어 질감을 살렸다. 천장의 일부는 목재를 높낮이가 다른 격자 패턴으로 시공해 입체감을 살렸다. 바위, 자작나무와 함께 정선을 대표하는 자연 요소인 삼베가 직조된 모습에 착안하여 디자인했다.

갑 리셉션에 자연석을 그대로 쌓아 만든 벽면이 특히 인상적이다.

김 투숙객을 처음 맞이하는 곳에서 정선을 상징적으로 드러냈으면 했다. 현장을

(위쪽부터) 파크로쉬 리조트앤웰니스의 옥상 공간과 전경.

Works of Stone

숙암 객실에는 파우더룸과 침실을 구분하는 파티션에 황석을 사용했다.

가리왕라운지 전경. 벽난로 쪽의 벽면은 톱날로 줄을 낸 고흥석으로 마감했다.

기둥의 모서리 부분을 시공할 때에는 석재의 단면을 엇갈리게 배치해 자재의 오차를 줄였다.

답사할 당시 토목 공사를 하면서 나온 원석을 보고, 그 돌을 쌓아 정선의 감성을 표현했다. 사람이 직접 쌓아야 하고 한 번에 전체 높이만큼 쌓는 것이 불가능해 작은 면적이지만 2~3주를 작업했다.

석재로 힘을 준 또 다른 공간은 아쿠아클럽의 '물의 터널'이다. 400㎜ 두께의 사비석Sfe02을 통으로 사용해 자연으로 들어가는 느낌을 구현했다. 나머지 수공간에는 밀도가 높은 마천석을 쓰고 이곳에는 돌이 자연스럽게 갈라지는 모습을 보여주고자 나무 장작처럼 쪼개지는 성질을 지닌 사비석을 사용했다. 석재 표면을 쇠메로 쳐서 다듬는 혹두기로 마감했다. 원석을 통으로 사용했기 때문에 두껍고 무거워 시공이 쉽지 않았다.

감 객실은 대부분 목재로 마감하고, '숙암' 객실에는 석재를 함께 썼다.
김 파우더룸과 침실을 구분하는 파티션에 황석을 사용했다. 아지석이라고도 불리는데 따뜻한 느낌을 주면서 질감을 살리기 좋다. 정선의 삼베를 모티브로 하여 석재를 조각조각 배치했다. 조각마다 두께와 크기가 다른 데다가 색과 질감에도 차이가 있어 마치 다른 재료처럼 느껴진다. 색과 질감이 다른 것은 혼드와 잔다듬의 두 가지 방법으로 가공해서다. 혼드 방식은 매끈하지만 광이 나지 않고 어두우며, 잔다듬은 망치로 표면을 때려 거칠게 만드는 방법으로 때릴수록 색감이 밝아지고 질감이 강해진다. 황석은 물이 닿으면 녹이 생기는데 심하면 부서지고 썩기도 한다. 물이 닿는 부분에는 대조되는 재료로 긴장감을 주는 대신 비슷한 디자인의 타일을 사용해 편안함이 느껴지도록 했다.

파티션은 황석을 두 가지 방법으로 가공해 붙이고 물이 닿는 부분은 비슷한 디자인의 타일로 마감했다.

감 공간이 넓다 보니 석재의 물량도 많았을 텐데 어떻게 수급했나?
김 황석과 고흥석 모두 중국 제품을 수입했다. 최근에는 화강암도 대부분 해외에서 가져온다. 수입은 두 가지 방법이 가능한데, 하나는 재단까지 완료해 오는 것, 다른 하나는 원판을 가져와서 국내에서 가공하는 것이다. 첫 번째 방법이 비용을 줄일 수 있지만, 가공 기술이 미덥지 못할 때는 두 번째 방법으로 들여오기도 한다. 이번에는 시공 기간이 4개월 정도로 아주 짧아 재단과 표면 가공까지 마친 자재를 수입했다.

감 석재를 쓰는 노하우나 하자를 줄이는 시공 방법이 있다면?
김 로비가 넓다 보니 노출된 기둥이 많은데, 모서리에서 석재 패널의 단면이 엇갈려 보이게 시공했다. 석재가 직각으로 만나면 대부분은 모깎기 하듯이 45°로 잘라내어 단면을 감추는데, 여기서는 두꺼운 단면을 드러내어 석재의 묵직함과 물성이 그대로 느껴지게 했다. 그러나 이를 한 줄로 맞추려다 보면 조금만 흐트러져도 티가 많이 나고 제품마다 두께에 약간씩 오차가 생기기도 해 현장에서 시공하기가 까다롭다. 오히려 엇갈리게 배치하면 그러한 차이가 덜 드러난다. 일반적으로 석재는 변하지 않는다고 생각하지만, 판의 크기가 커지면 조금씩 휜다. 건식으로 시공하는 경우, 중간중간에 에폭시를 발라 석재를 고정하는데, 이 접착제가 잡아당기는 힘으로 배불림처럼 조금씩 휘어진다. 크기가 작은 것은 변화가 없지만 600×600㎜를 넘어가는 판석은 휘어질 수 있으므로 이런 물성을 잘 이해하고 써야 한다.

Works of Stone

아쿠아클럽의 물의 터널에는 400㎜ 두께의 사비석 통석을 사용해 자연으로 들어가는 느낌을 구현했다.

수공간의 벽과 바닥은 밀도가 높은 마천석으로 마감했다.

갑 재료를 고를 때 디자이너가 고려해야 할 점은 뭔가?

김 먼저 기능에 맞는 자재를 골라야 한다. 디자인은 그다음이다. 아무리 아름다운 디자인이라도 겨울에 춥고, 여름에 더우면 의미 없다. 자재가 기능을 만족하지 않으면 관리가 힘들고 사용자들이 불편해진다. 창의적인 표현도 중요하지만, 기본에 충실해야 한다. 디자이너가 표현을 위해 물성을 고려하지 않을 때가 있다. 예를 들어 흡수율이 높은 퇴적암을 물이 닿는 곳에 사용하면 대부분 곰팡이 같은 하자가 생긴다. 화강암이나 밀도가 높은 대리석Sfi02은 물에 닿아도 되지만, 물성이 약하거나 밀도가 낮은 석재는 문제가 생길 수 있다. 특히 다중 이용시설은 석재를 고를 때, 전문가의 철저한 확인과 검증을 거쳐야 한다.

또 하나는 용도다. 호텔과 주택의 화장실을 똑같이 생각하면 안 된다. 호텔 화장실은 화려한 대리석으로 마감되어 있더라도 매일 관리하기 때문에 유지할 수 있다. 그러나 집에서는 매일 청소하고 세심하게 관리할 수 없다. 용도에 맞는 재료인지 한 번 더 생각해야 한다.

석재를 쓰는 가장 큰 이유는 근본적으로 유지관리가 편하고 시간이 지나도 하자가 적어서다. 유럽의 몇 백 년 된 건물처럼 때로는 공장에서 만든 패널보다도 오래가는 것이 석재다. 요즈음 출시되는 석재 무늬 타일은 직접 만져보지 않고는 구별하기 어려울 정도로 비슷하다. 물성이 강하고 유지관리가 쉬우면서 외관도 변하지 않는다. 그러나 변하지 않는 것이 문제다. 석재는 시간이 지나며 변한다. 사람들은 가공된 느낌보다는 자연스러움을 원한다. 바로 그 느낌을 내는 것이 석재의 가장 큰 매력이다.

파크로쉬 리조트앤웰니스	
설계	김종호
위치	강원도 정선군 북평면 숙암리
대지면적	11,587m²
연면적	31,434.96m²
규모	지상 12층, 지하 2층
마감	석재, 무늬목, 타일
완공	2017년 12월

사용한 석재

① GJ-GREY
규격	800×590×30mm
표면마감	버너브러시, 혼드
유통사	아람스톤

② 마천석
규격	800×570×30mm
표면마감	버너브러시
유통사	아람스톤

③ 고흥석 통석
표면마감	혹두기
유통사	아람스톤

④ 아지석 통석
표면마감	잔다듬, 혼드
유통사	아람스톤

엘리베이터 홀은 석재를 막힌줄눈으로 엇갈리게 시공하고 중간중간에 어둡고 얇은 재료로 포인트를 줬다.

Interview 2

오래된 재료와
새로운 방식의 조우

인터뷰 정경화

석재는 오랫동안 사용된 익숙한 재료다. 같은 크기의 패널을 줄맞춰 시공한 건물은 도시에서 흔히 보인다. 그러나 여느 건물과 달리 새로운 디자인 과정을 거쳐 탄생한 건축이 있다. 건축가 강대화는 국내에서는 아직 생소한 개념인 파라메트릭 디자인을 활용해 석재 패널의 크기와 모양을 하나하나 결정하고 비정형의 입면을 완성했다. 용산 커뮤니크 사옥에서 그를 만나 석재를 디자인하는 새로운 방법에 대해 자세히 물었다.

강대화
강대화디자인 대표

미국 프린스턴 대학교, 예일 대학교에서 학부와 석사를 마치고 자하 하디드 아키텍츠Zaha Hadid Architects에서 10년 간 실무 경험을 쌓았다. 2014년 런던에서 강대화디자인을 설립하여 혁신적이고 미적인 디자인을 통해 건강한 삶을 제고하는 것을 목표로 유럽, 아시아에 다양한 규모의 작업을 하고 있다. 대표적인 프로젝트로 커뮤니크 사옥, 파주 레인보우 출판사, 아럽Arup사 본부 내 6층 높이의 동상, 캄보디아 평화도시 구축을 위한 마스터플랜 등이 있다.

레인보우 출판사는 중국산 현무암을 벽돌처럼 층층이 쌓아 지층의 개념을 구현했다.

감씨(감) 커뮤니크 사옥(2015)과 레인보우 출판사 본사(2017) 두 작업 모두 석재를 썼다. 어떤 계기가 있었나?

강대화(강) 처음 석재를 접하게 된 것은 비용 때문이다. 커뮤니크 사옥의 외장재로 쓰려 했던 알루미늄 패널과 금속이 예산에 맞지 않자 시공사에서는 석재를 권했다. 처음엔 놀랐다. 영국에서 석재는 고가의 재료다. 한국은 가까운 중국의 석재 시장이 워낙 발전되어 있고 많이 쓰다 보니 유통이나 물량 조건도 잘 갖춰져 있어 비교적 저렴한 비용으로 석재를 사용할 수 있다. 어떤 재료가 다른 곳보다 저렴하다는 것은 그만큼 이 지역에 잘 맞으며, 사람들이 그 물성을 잘 이해하고 시공한다는 뜻이기도 하다. 그간 영국을 비롯한 유럽이나 아시아 등 다양한 곳에서 프로젝트를 진행했는데 항상 지역성이 중요하다. 재료가 기후, 시공법 등의 여러 조건과 잘 맞을 때 더 좋은 결과가 나온다.

감 레인보우 출판사는 얇은 석재를 켜켜이 쌓아 만들어 하나의 큰 조형물 같다.

강 건물을 계획할 때 두 가지 목표가 있었다. 하나는 한정된 예산 내에서 단순하지만 인상적인 건물을 만들 것, 다른 하나는 사용자의 쾌적한 생활을 돕는 인간적인 건축이다. 사람의 수명과 계단의 상관 관계를 다룬 연구에 따르면, 매일 다섯 층의 계단을 오르내린 사람은 그렇지 않은 사람보다 수명이 18% 길어진다고 한다. 그럼 계단을 이용하고 싶어지는 아름다운 공간으로 만들자고 의견을 모았다. 또한 격변했던 20세기 한국에서 평범한 개개인이 만들어온 일상적인 역사를 담는 것이 건물의 개념이었기에 나무의 나이테처럼 시간을 시각적으로 드러내는 방법을 고민했다. 최종적으로 결정한 개념이 '지층'이었다.

감 지층의 개념을 드러내는 재료로 석재를 사용했다니 흥미롭다. 어떻게 표현했나?

강 처음에는 시멘트 벽돌을 생각했으나 건축주는 좀 더 오래 유지되는 재료를 원했다. 중국산 현무암Sfe03을 벽돌처럼 가공해 층층이 쌓기로 했다. 현무암은 표면의 기공이나 거친 질감에서

레인보우 출판사 전경.

커뮤니크 사옥의 전경. 스테인리스 스틸 패널로 마감한 1층 외부 기둥과 천장의 모습이 보인다.

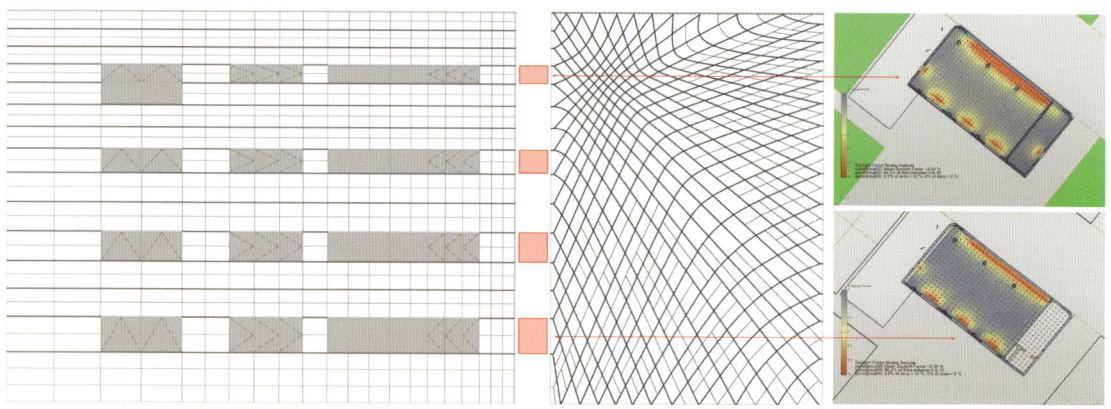

실내 채광을 시뮬레이션한 결과를 바탕으로 개구부와 석재 패널의 크기를 검토했다.

시간의 흐름이 느껴진다. 비용 때문에 국산을 쓰지 못해 아쉽지만 현무암 자체에 한국의 정서가 담겨 있다.

세 가지 다른 규격의 석재를 사용해 층마다 두께와 깊이가 다른 지층의 모습을 표현했다. 처음 재료로 생각했던 시멘트 벽돌의 폭인 90㎜를 기준으로 70㎜와 110㎜를 사용했다. 폭의 차이가 크지는 않지만 켜켜이 쌓았을 때 그림자가 지며 레이어가 드러나고, 전체 입면의 질감을 살린다.

갑 내밀어 쌓은 남서쪽 입면 외에 나머지 입면에는 석재 패널을 썼다.
강 같은 현무암을 다른 방법으로 사용했다. 남서쪽 입면은 모르타르를 석재보다 살짝 안으로 들여 벽돌을 쌓듯이 습식 시공했고 나머지는 패널을 가능한 정해진 규격에 맞추어 건식 공법으로 시공했다.

두 자재가 만나는 모서리 부분은 패널을 잘게 나누어 최대한 벽돌 두께와 비슷하게 맞췄는데 이 작업이 가장 어려웠다. 벽돌의 줄눈은 10㎜지만 패널은 5㎜로 절반이다. 제품의 크기를 비슷하게 해도 줄눈의 간격이 달라 맞추기가 어려웠다.

갑 커뮤니크 사옥은 리모델링 프로젝트로 건물의 외피를 석재로 덧입혔다.
강 이곳은 기업의 마케팅과 홍보를 담당하는 회사의 사옥이다. 1층에는 카페가 있고 2~5층은 사무실이다. 계획의 출발점은 카페였다. 카페로 사용할 1층은 외부 천장의 높이가 2.6m로 낮아 채광이 부족하고 갑갑했다. 이를 해결하는 것에서부터 전체 개념을 잡았다. 먼저 공간이 더 밝고 넓어 보이기 위해 반사하는 재료인 스테인리스 스틸 패널을 1층의 천장 재료로 정했다. 입면의 석재는 중산산 마천석을 선택했고 버너구이로 표면처리해 부드러운 질감을 살렸다. 진한 회색의 마천석은 어두우면서도 점잖은 무게감을 자아내고, 표면의 질감은 금속의 매끈함과 반사하는 느낌이 지나치지 않도록 분위기를 잡아준다.

갑 석재 패널이 만드는 기하학적인 패턴이 인상적이다.
강 기하학적인 입면은 1층 천장의 디자인을 적용한 것이다. 1층 필로티 공간을 계획할 때 나뭇가지가 뻗어 나오듯 천장의 스테인리스 스틸 패널이 기둥까지 유기적으로 이어지도록 디자인했다. 이때 기둥과 천장이 이어지는 부분은 높이가 달라 곡면이 되는데, 이를 쉽게 시공하는 방법은 여러 개의 삼각형 조각으로 분할하는 것이다. 곡면 부분은 최대한 잘게 나누고, 평평한 면은 가능한 넓은 크기로 디자인해서 가공 비용을 줄였다. 이러한 단계를 거쳐 완성한 천장의 도면을 건물의 남서쪽 입면에 그대로 옮겼다. 각 층의 개구부 크기에 맞추어 위쪽 패널이 좁고 아래로 갈수록 넓어지게 배치했다.

갑 네 입면이 닿는 모서리에서 수평선이 모두 이어진다.
강 남서쪽 입면은 빈 도화지처럼 디자인이 자유로웠던 반면, 나머지 입면은 개구부라는 제약 조건이 있었다. 계획 단계에서 기존 건물의 채광을 시뮬레이션한 결과, 5층은 너무 밝아 일하기 불편했고, 2층은 주변 건물에 가려 채광이 부족했다. 결과를 반영해 5층의 창을 작게 하고 내려갈수록 커지도록 계획했다. 석재 패널의 규격도 그에 맞추었다. 여기서 결정된 수평선과 남서쪽 입면의 선이 만나도록 패턴의 위치를 위아래로 조금씩 조절했다. 금속 천장에서 석재 입면으로, 나머지 입면의 개구부가 만들어낸 수평선이 남서쪽 입면으로 이어지며 모두 하나로 연결된다.

갑 패널의 크기와 모양을 파라메트릭 디자인으로 결정했다. 정확히 어떤 개념인가?

남서쪽 입면은 파라메트릭 디자인을 적용해 1,200여 개 패널의 규격과 디자인을 모두 검토했다.

석재 패널이 만드는 입면의 수평선은 모두 하나로 이어진다.

강 우리가 추구하는 목표는 인간주의 건축이다. 이를 실현하기 위해 쓰는 설계 방법이 파라메트릭 디자인parametric design이다. 매개변수라는 뜻의 파라미터parameter에서 나온 단어로 하나의 요소를 넣으면 하나의 결과가 나오고, 요소를 바꾸면 결과가 달라지는 원리다. 예를 들어 물을 더 주고 햇빛을 더 쬔 식물이 그렇지 않은 것보다 더 크게 자란다. 같은 식물이지만 물과 빛이라는 조건이 변수가 되어 모습이 달라진다. 디자인 과정에서는 이러한 변수가 여럿 생긴다. 이를 조합해 알고리즘을 만들고 실행하면 각각의 변수에 대한 선택이 합쳐지며 최종 결과가 나온다. 커뮤니크 카페는 채광과 공간감을 살리는 것이 목표였고, 이를 풀어가는 기술로 파라메트릭 디자인을 썼다.

감 구체적인 과정이 궁금하다.
강 패널을 분할할 때 적용한 방법을 소개하면, 입면을 구성하는 1,200여 개의 조각은 전부 모양이 달라 사각형의 판석을 구입해 형태대로 잘라야 했다. 비용과 시공의 문제로 각각의 조각마다 판석의 크기가 1,200×700㎜를 넘지 않으면서 잘리는 면적을 최소로 하는 판형을 결정해야 했다.
먼저 판형의 최소 크기를 검토하는 알고리즘을 만들고 규격이 1,200×700㎜ 이하가 될 때까지 과정을 반복하도록 프로그래밍했다. 입면에 보이는 얇은 선은 크기를 맞추기 위해 부재를 나누고 쪼개며 생겨난 결과다. 이 과정을 거쳐 1,200여 개 각각의 모양에 맞는 판형을 찾았다.
컴퓨터 프로그램의 도움이 없었다면 불가능한 일이다. 무늬를 조금만 변경해도 모든 패널의 규격이 바뀌고, 판형도 변한다. 파라메트릭 디자인을 이용하면 여러 가지 조건을 동시에 검토할 수 있다. 앞서 말한 레인보우 출판사 본사와 커뮤니크 사옥의 입면 모두 같은 방식으로 작업했다. 몇 가지 조건을 준 뒤 결과를 보고, 조건 값을 조금씩 조절하며 원하는 디자인을 찾는다. 차이가 있다면 레인보우 출판사 본사는 좀 더 감각적으로 미적인 기준을 따랐고, 커뮤니크 사옥은 더 많은 조건을 도입해 기술적으로 접근했다.

감 이러한 디자인을 석재로 구현할 때 유리한 점이 있다면?
강 석재는 정해진 제품 규격대로 사용하면 굉장히 경제적인 재료다. 중요한 부분에 힘을 주면서도 나머지는 규격에 맞추어 실용적으로 쓸 수 있다. 비정형의 입면이 겉으로 보기에는 멋지지만 사용자의 입장에서는 질서정연한 창문이 밖을 바라보기에 더 편하다. 석재는 이런 양면적인 요구를 모두 만족한다. 건축주의 비용, 시공자의 시공성, 건축가의 표현, 삼박자를 잘 맞추는 재료다.

감 모든 조건을 결정할 수 있는 벽돌이나 콘크리트와 달리 석재는 자연재라 가공을 해도 색이나 질감에 차이가 있을 수밖에 없다.
강 그런 차이가 없기를 원했다면 콘크리트나 플라스틱을 썼을 것이다. 시간이 지날수록 낡아간다고 느껴지는 재료가 있고 더 아름다워지는 재료가 있지 않나. 오래된 플라스틱 건물이 아름답다고 느껴진 적은 없다. 석재는 모든 조건을 원하는 대로 정할 수는 없지만 시간이 지날수록 처음의 모습을 잘 유지하면서도 더 아름다워진다. 그리고 조금씩 다르면서도 비슷한 모습은 사람들에게 편안함을 준다.

레인보우 출판사 본사

설계	강대화디자인
건축주	레인보우 출판사 대표 김희정
위치	경기도 파주시 서패동
대지면적	700㎡
연면적	660㎡
규모	지상 4층
구조	철근콘크리트
마감	현무암
완공	2017년 6월
사진	신경섭

커뮤니크 사옥

설계	강대화디자인
건축주	커뮤니크 대표 신명
위치	서울시 용산구 한강로2가
대지면적	320㎡
연면적	960㎡
규모	지상 5층, 지하 1층
구조	철근콘크리트
마감	마천석
완공	2015년 5월
사진	신경섭

사용한 석재

레인보우 출판사 본사
현무암 패널

규격	1,200×600×30㎜
표면마감	혼드
유통사	돌봄석건

커뮤니크 사옥
마천석

규격	485×660×30~1,240×1,670×30㎜
표면마감	버너구이
유통사	㈜민성에스엔티

Interview 3
자연 그대로의 돌을 구축하다

인터뷰 정경화

석재 건물은 대부분 화강암Ste01 패널이 만드는 균일한 외관으로 스트라이프 셔츠를 입은 듯 깔끔하고 격식 있다. 반면 ANM의 작업은 조금 다르다. 자연 그대로의 돌의 모습을 살리는 방법으로 석재를 사용하는데 도시에선 대부분 인공적으로 가공하다 보니 날것 그대로의 모습이 오히려 낯설다. 햇살이 내리쬐던 5월의 어느 날, 삼청동에서 ANM의 건축가 김희준을 만나 색다른 이야기를 들었다.

김희준
ANM 대표

한양대학교 건축공학과를 졸업하고, 2년간 실무를 거쳤다. 1998년 용인 묵리주택을 계기로 개인 작업을 시작했으며, 2003년 스튜디오 A&M을 정식으로 오픈했다. 2009년 9월 ANM으로 명칭을 바꾸고 다수의 작업을 해오고 있으며, 현재 중앙대학교 건축학부 겸임교수로 재직 중이다. 주요 작업으로는 용인 묵리주택1(1999), 양평 마나스갤러리(2006), 양평 전수리주택1(2008), 가평 가일리주택(2008), 靜·房(일월암 객실, 2009), 용인 묵리주택2(2012), 광교 m&m HAUS(2013) 등이 있다.

양평 카페 동암의 재료인 목재와 석재는 비슷한 색감으로 맞추어 편안하면서도 본연의 촉감이 살아 있다.

돌담은 그 지역에서 흔히 보이는 막돌을 쌓아 시골 담장처럼 자연스럽다.

갑씨(갑) 완공 프로젝트 가운데 석재를 활용한 작업이 많다. 석재를 주로 사용하는 특별한 이유가 있나?

김희준(김) 양평 카페 동암(2017), 감산리주택(2016)과 최근 작업 중인 제주도 주택까지 세 개의 프로젝트에서 석재를 썼다. 재료를 결정할 때 가장 중요하게 고려하는 것은 주변과의 조화다. 그간 석재를 사용한 작업은 대부분 자연 속에 있다. 산속에서 지내는 스님이 주로 회색 옷을 입는 것은 잘 드러나지 않아서다. 대신 자연이 드러난다. 내가 추구하는 건축 또한 주인공이 아니라 잔잔한 배경이 되고자 한다. 돌은 자신이 아닌 주변을 드러낸다는 점에서 비슷한 재료다.

갑 석재를 쓸 때 대부분 같은 규격으로 가공한 패널을 붙이는데, 앞선 작업은 주로 돌의 형태 그대로 쌓는다.

김 석재는 자연스럽다. 가능한 한 그 본성을 그대로 살리려 한다. 개인적으로 석재 패널을 싫어하는데, 칼을 대고 같은 크기로 재단해 인공적인 느낌이 강해서다. 되도록이면 가공을 최소화하고, 본래의 모습대로 얹거나 쌓는 방식으로 작업한다. 그게 사람들에게도 편안하다.

갑 동암은 목재를 너와처럼 붙인 건물에 돌담으로 경계를 지었다. 담은 어떤 방식으로 만들었나?

김 동암은 카페와 주택으로 상업적인 목적보다는 지인들이 쉬다 가는 차분하고 조용한 공간이다. 건물을 살펴보면 도로와 면한 앞쪽에 카페가 있고 그 뒤의 돌담 너머에 주택이 있다. 돌담은 카페와 주택을 분리하면서 다른 대지와 맞닿는 곳에서는 영역을 구분하고 카페의 외부 공간을 만드는 역할을 한다.
돌담은 그 지역에서 흔히 보이는 막돌을 쌓아 시골 담장처럼 자연스럽다. 밖에서 보이지 않도록 모르타르를 발라 고정하고 무너지지 않도록 폭을 좀 두껍게 계획했다.

갑 감산리주택은 2층의 박공 부분이 살짝 빗겨 나온 형태가 인상적이다.

김 이곳은 70대인 건축주가 놀이터 삼아 쉬고 사색하며 여생을 보내는 집이다. 주변의 지형과 풍경이 건축 속에서 한데 어우러지는 것이 목표였다. 공간의 요소마다 생활과 풍경이 자연스레 자리잡으며 건축주의 삶과 장소가 서로 교감할 수 있게 했다. 돌로 둘러싸인 2층 공간은 바람길이라는 뜻에서 풍채라 이름 붙였다. 2층의 서재를 통해야만 연결되는 별채로 외부에는 현무암[Sfe03] 자연석을, 실내는 나무 각재를 재료로 사용했다.

갑 석재로 감싼 외피는 이곳의 분위기에 힘을 더한다.

김 형태가 네모와 박공으로 기하학적인 느낌이 강한 데다가 노출콘크리트를 쓰다 보니 선이 굉장히 뚜렷해졌다. 그래서 제주 현무암을 얼기설기 쌓아서 건물의 강한 선이 흐려지도록 했다. 콘크리트 바닥 위에 경량철골로 구조를 짜고, 현무암 자연석을 지붕까지 쌓아 올렸다. 한 가지 덧붙이자면, 박공지붕 선의 높이가 뒤쪽으로 갈수록 낮아진다. 뭔가 묘한 느낌이 드는 것은 이 때문이다.

감산리주택의 별칭은 풍채 좋은 집으로, 주변의 지형과 풍경이 건축과 함께 어우러진다.

곤지암밸리는 원형의 돌벽을 중심으로 사각형의 건물이 끼워진 형태다.

감 곤지암밸리(2012)에서는 자연 속에 거대한 돌벽을 만들었다.
김 지금은 용도가 바뀌었는데 처음에는 교회였다. 숲속에 파묻힌 듯 원형의 돌벽을 중심으로 사각형의 건물이 끼워진 형태다. 입구로 들어서면 이 벽이 주변을 한번 걸러주어 탁 트인 하늘만 보인다. 초기 계획안에서는 돌벽이 건물보다 높아서 그 효과가 더 극적이었다.

감 이곳에는 인조석Sar을 썼다. 자연석과는 어떻게 달랐나?
김 자연석을 쌓는 방식으로 계획했다가 비용 문제로 인조석으로 변경했다. 국내 업체에서 제작한 매직스톤이라는 제품으로 최대한 자연스러운 것을 골랐다. 거대한 덩어리처럼 부담스럽지 않고 좀더 편하게 보이도록 색상과 질감, 크기가 다른 인조석을 섞었고 시공할 때 모르타르를 안으로 들여 밖에서는 보이지 않게 했다. 그 틈에 그림자가 지며 깊이감이 더해진다.
인조석이 자연 석재와 다른 점은 구축 방식이다. 자연석은 모양과 크기가 각기 달라 일일이 맞춰야 하는데 인조석은 돌가루를 틀에 넣고 찍어내어 규격에 어긋남이 없다. 자연석보다 가볍고 콘크리트 구조체에 켜켜이 쌓아 붙이므로 작업도 편하다. 모양만 돌일 뿐 성질이나 구축 방식은 벽돌과 비슷한 셈이다. 동암과 곤지암밸리에서 재료와 방식은 자연과 인공으로 다르지만, 구현하고자 하는 분위기는 같다. 인조석도 원료는 돌이기 때문에 본성은 비슷하다. 나름대로 건물에 익숙하게 녹아든다.

감 재료와 구축 방식은 언제 어떻게 결정하나?
김 재료에 대한 방향은 대부분 프로젝트 초기에 정한다. 다만 구체적인 자재나 시공 방법은 시간을 들여 서서히 결정하는 편이다. 감산리주택은 처음 스케치할 때부터 돌집이었고, 동암도 초기에 돌담으로 계획했지만, 무슨 돌을 어떤 방식으로 쓸지는 건물이 지어지는 과정을 지켜보면서 결정했다. 재료의 규격부터 전체적인 형태까지 공간의 모든 요소가 합쳐져 분위기를 만들기에 결과물이 어떨지 계속 떠올리며 색상과 질감, 방식에 대한 선택지를 좁혀나간다.

감 석재를 사용하며 아쉬웠던 점은 없나?
김 고급스럽게 꾸민 음식보다는 제철 재료를 깔끔하게 담아낸 요리를 선호한다. 기본을 갖추면서 재료의 맛이 살아 있는 게 좋다. 마찬가지로 건축도 재료 본연의 느낌을 살리는 게 중요한데 시공하는 사람들은 익숙한 방식으로 숙련되다 보니 손맛을 내는 사람이 드물다. 감산리주택도 듬성듬성 쌓인 모습을 계획했으나 정교하게 맞추어 밀실한 느낌이 강해졌다. 사실 자연스럽게 만들기가 더 어렵다.

감 석재는 오래된 재료다. 새롭게 다시 주목받을 가능성이 있을까?
김 석재는 자연이 만들어낸 것이라 편하면서도 무게감이 있다. 때로는 어울리지 않게 얇은 두께가 주는 느낌도 인상적이다. 특유의 덩어리감은 돌만이 지닌 기질이다. 아직 이를 대체할 만한 재료는 없다. 앞으로도 찾는 사람들이 꾸준히 있을 것이다.

양평 카페 동암

설계	김희준
위치	경기도 양평군 서종면 수능리
대지면적	435㎡
연면적	146.37㎡
규모	지상 1층
구조	철근콘크리트, 경량철골조
마감	목재(Cedar Shake), 자연석
완공	2017년 5월

제주 감산리주택

설계	김희준
위치	제주도 서귀포시 안덕면 감산리
대지면적	1,532㎡
연면적	261.47㎡
규모	지상 2층, 지하 1층
구조	철근콘크리트, 경량철골조
마감	노출콘크리트, 제주 현무암
완공	2016년 11월
사진	김희준

곤지암밸리

설계	김희준
위치	경기도 광주시 도척면 상림리
대지면적	998㎡
연면적	732.04㎡
규모	지상 2층, 지하 1층
구조	철근콘크리트
마감	노출콘크리트, 인조석
완공	2012년 3월

사용한 석재

양평 카페 동암
자연 막돌
시공사 시라벌조경

곤지암밸리
① 적층돌(MLP-103)
규격 300×80×45㎜
제조사 ㈜씨엔에스

② 단층돌(CA-102)
규격 100~400×25~80×45㎜
제조사 ㈜씨엔에스

③ 무늬돌(SR-100)
규격 300×50~80×45㎜
제조사 ㈜씨엔에스

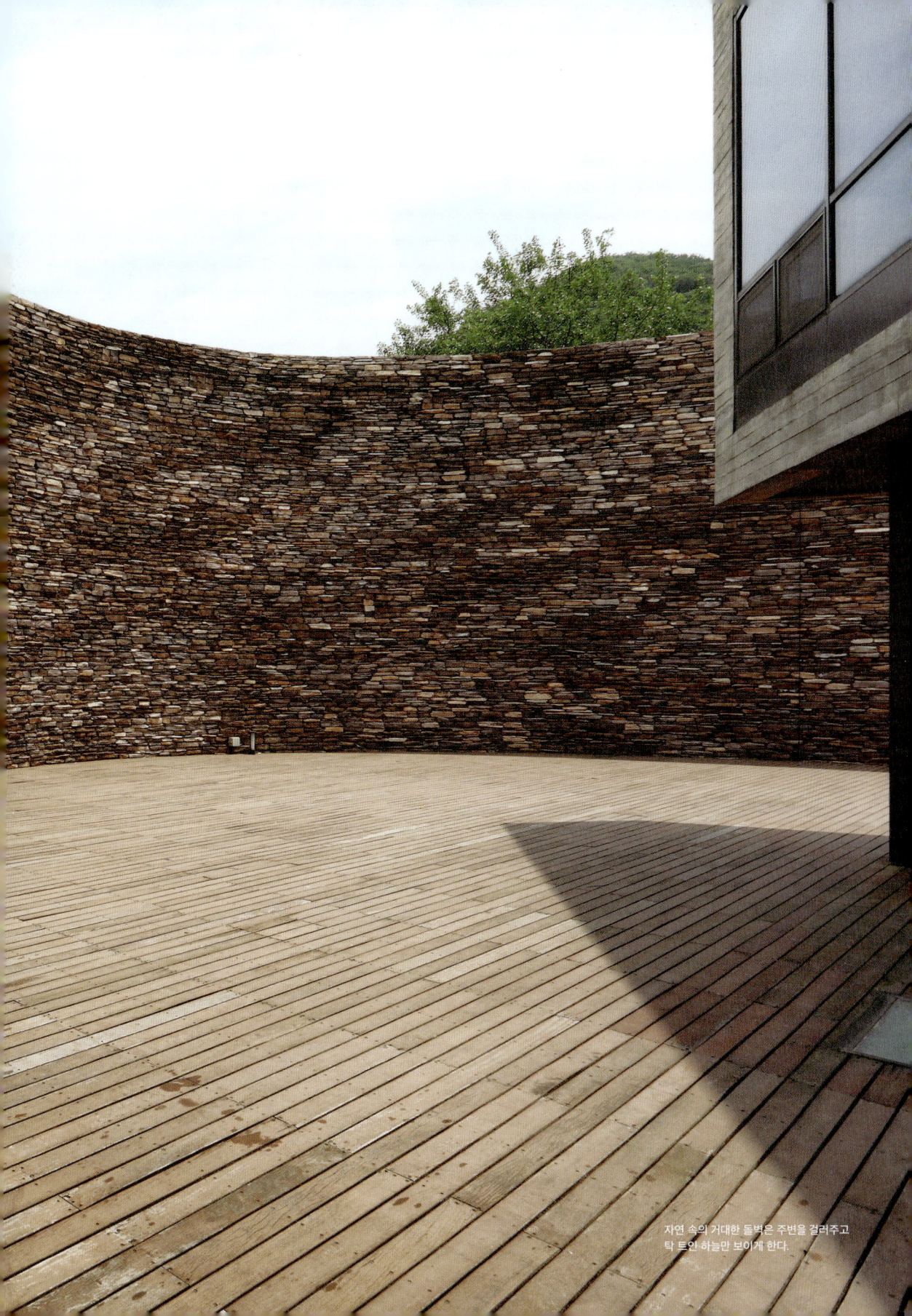

자연 속의 거대한 돌벽은 주변을 걸러주고 딱 그 안 하늘만 보이게 한다.

4

Supplement

석재 유통·가공 업체 정보

석재는 같은 지역에서 나오는 석종이라도 업체마다 다르게 이름 붙여 판매한다. 또한 같은 제품도 판마다 무늬와 색상이 조금씩 달라 직접 업체를 방문해 보고 고르는 것이 좋다. 제품을 구매할 수 있는 석재 유통 업체와 표면 마감, 형태 가공 등을 의뢰할 수 있는 가공 전문 업체 24곳을 소개한다. 업체별 특징과 주요 제품을 살펴보고 좀더 간편하게 석재를 선택해보자.

Index

생산	전시장	소매
가공	온라인 판매	도매
유통	오프라인 판매	
시공	전화주문	

석재 유통 업체

신흥스톤

대표 석종	화강암, 대리석, 석회암
대표 제품	대리석 복합 패널, 모자이크 패널
가공 종류	재단, 표면 마감, 형태 가공(워터젯), 레이저 가공
시공 종류	습식 시공, 건식 시공
특징	석재 코디네이팅, 대리석 가구 및 소품 판매
주소	서울시 강남구 논현로 127길 10
연락처	☎ 02-548-6650 ✉ Redstone1119@gmail.com
홈페이지	www.shstone.co.kr

일신석재

대표 석종	화강암, 대리석, 현무암, 인조석
대표 제품	아르메니안 골드, 델베이지, 비앙코
가공 종류	재단, 표면 마감
시공 종류	습식 시공, 건식 시공
특징	대규모 석재물류단지, 희귀 석종 보유
주소	서울시 강동구 성내로 19 서경빌딩 6층
연락처	☎ 02-487-9009, 02-2041-2594 ✉ zzonghee@ilshinstone.co.kr
홈페이지	www.ilshinstone.co.kr

제이스톤

대표 석종	화강암
대표 제품	포천석, 사비석 계열
가공 종류	재단, 표면 마감
시공 종류	습식 시공, 건식 시공, 커튼월 시공
특징	석재 복합 제품 판매, 토목 및 조경용 석재 판매
주소	충청남도 아산시 음봉면 월산로 156-15
연락처	☎ 041-534-6226 ✉ jungo9970@hanmail.net
홈페이지	www.j-stone.co.kr

㈜민성에스엔티

대표 석종	화강암, 대리석, 석회암
대표 제품	IMC 베이지, 골든플라워
가공 종류	재단, 표면 마감(혼드, 연마, 브러시)
특징	희귀 석종 보유, 석재 컨설팅, 같은 석종 내에 다양한 타입 보유
주소	경기도 광주시 도척면 도척로 256번길 111
연락처	☎ 031-767-1393 ✉ minsungst@gmail.com
홈페이지	www.mssnt.com

주식회사 신바냐라

대표 석종	화강암, 대리석, 석회암, 사암, 현무암
대표 제품	베올라네라, 실버클라우드
가공 종류	재단, 표면 마감(브러시, 물갈기), 형태 가공, CNC 가공
특징	CNC 이용한 다양한 특수가공 가능, 고급/희귀 석종 보유
주소	경기도 광주시 오포읍 오포로 673-33
연락처	☎ 031-769-5770
홈페이지	www.shinbagnara.com

대륙석재

대표 석종	포천석, 황등석
특징	연마가공을 거친 제품 위주 판매, 개략적인 견적 가능
주소	전라북도 김제시 백구면 학동 2길 63
연락처	☎ 063-543-4861
홈페이지	www.drstone.biz

대원석재

대표 석종	대리석
대표 제품	비안코, 폴라리스
가공 종류	재단
시공 종류	습식 시공, 건식 시공
특징	홈페이지에서 시공 사례 확인 가능
주소	경기도 의왕시 월암길 64
연락처	☎ 031-424-8250
홈페이지	www.대원석재.com

문화석재

대표 석종	화강암, 대리석, 현무암, 인조석
대표 제품	수입 문경석류, 수입 거창석류, 보티치노 델리카토
가공 종류	재단, 표면 마감(연마, 버너구이 등), 형태 가공
시공 종류	습식 시공, 건식 시공
특징	울산, 경주, 부산, 포항 및 경남권 시공 디자인 협의 및 설계 시공 가능, 석재 소품 제작
주소	경상북도 경주시 외동읍 당고개길 28-3
연락처	☎ 054-773-4277, 010-7660-8590 ✉ mhstone01@hanmail.net
홈페이지	www.moonhwa.net

와이텍비엠

가공 종류	재단, 표면 마감
시공 종류	습식 시공, 건식 시공, 커튼월 시공
특징	빌딩 시공 전문
주소	서울시 강남구 학동로28길 5 백운빌딩 5층
연락처	☎ 02-548-8588

한국비엠

대표 석종	화강암, 대리석, 석회암
대표 제품	시벡(Sivec)
가공 종류	재단, 표면 마감, 형태 가공
시공 종류	습식 시공, 건식 시공
특징	호텔 등 고급건축물 특화, 유럽산 대리석 위주 판매, 롯데호텔(2018), LG사이언스파크(2017), 파라다이스시티(2017) 등 작업
주소	서울시 광진구 광나루로 588
연락처	☎ 02-454-9361 ✉ hankukbm@hankukbm.co.kr
홈페이지	www.hankukbm.co.kr

㈜거봉석재

대표 석종	화강암, 대리석, 사암
대표 제품	오만크림, 루나베이지, 폴라리스
가공 종류	재단, 표면 마감
특징	3,000평 규모 공장 보유
주소	경기도 광주시 오포읍 오포로 637
연락처	☎ 031-766-7007 ✉ gbc7007@naver.com
홈페이지	www.geobongstone.co.kr

㈜세일트레이딩

대표 석종	인조석
대표 제품	C-스톤, R-스톤
가공 종류	재단, 표면 마감, 형태 가공
특징	내외장재, 집기 및 가구 상판용 유럽산 인조석 취급
주소	서울시 강남구 학동로53길 28 현빌딩 301호
연락처	☎ 02-549-0545 ✉ info@seiltrading.com
홈페이지	www.seiltrading.com

토탈석재

대표 석종	화강암, 대리석, 석회암
대표 제품	아라베스카토, 브라운실크, 오팔화이트
가공 종류	재단, 표면 마감(혼드), 형태 가공
특징	㈜르마블- 석재 가구 및 리빙 소품 판매
주소	경기도 광주시 곤지암읍 신만로 409번길 1
연락처	☎ 031-767-4415 ✉ totalmarble@gmail.com
홈페이지	www.totalmarble.com

매트프라자

대표 석종	화강암, 대리석, 석회암, 인조석
대표 제품	노바치노(브라질), 이빠네마 베이지(브라질), 크림로얄(이집트)
시공 종류	습식 시공, 건식 시공
특징	중·대규모 건물 위주 시공
주소	서울시 송파구 송파대로 167 테라타워 B동 1119~1122호
연락처	☎ 02-3708-5500
홈페이지	www.matplaza.com

킹스톤

대표 석종	사암, 석회암, 현무암
대표 제품	문화이트, 옐로우 라임스톤
시공 종류	습식 시공, 건식 시공, 커튼월 시공
특징	인도 및 중앙아시아 수입 석재 외장재 위주 시공
주소	인천광역시 남동구 호구포로 404
연락처	☎ 032-278-6150 ✉ kingstone84@naver.com
홈페이지	www.kingstonekorea.com

마인스톤

대표 석종	인조석
특징	세라믹 제품, 벽돌 생산 및 판매
주소	경기도 파주시 광탄면 보광로1125번길 4
연락처	☎ 031-947-4004 ✉ wannabeblue@nate.com
홈페이지	www.minestone.co.kr

㈜씨앤에스(매직스톤)

대표 석종	인조석
대표 제품	금강돌, 소금강돌, 층주돌
특징	시공업체 연결 가능
주소	서울시 강남구 봉은사로64길 8 성심빌딩 2층
연락처	☎ 02-3443-5432 ✉ magic@magicstone.co.kr
홈페이지	www.magicstone.co.kr

동국세라믹(울트라스톤)

대표 석종	현무암
대표 제품	현무암 판재 및 타일
특징	벽돌 판매, 시공업체 연결 가능
주소	경기도 안산시 상록구 안산공고로 3
연락처	☎ 02-573-8119
홈페이지	www.ksbrick.co.kr

로그인터내셔널

대표 석종	대리석, 석회암
대표 제품	가든스톤(조약돌, 대리석), 블루스톤(석회암)
특징	석재 가공 제품 특화, 타일 및 도기 판매
주소	서울시 강남구 언주로106길 10 space 빌딩
연락처	☎ 02-555-0888 ✉ rog0888@naver.com
홈페이지	www.rog.co.kr

부개석재

대표 석종	화강암, 대리석, 석회암
특징	건설사 납품 위주
주소	인천광역시 부평구 경인로 1109-1 2층
연락처	☎ 032-505-6504, 6508 ✉ bugaest@naver.com
홈페이지	www.bugae.co.kr

흥덕석재

대표 석종	현무암(베트남)
특징	디딤석, 경계석, 벽돌 등 다양한 제품 취급
주소	울산광역시 울주군 삼남면 교동리 1626-4
연락처	☎ 1577-6376 ✉ hdstones@naver.com
홈페이지	www.흥덕석재.kr

석재 가공 업체

산하기술주식회사

가공 분야	표면 마감, 특수 가공
주요 가공 기술	포토샌드블래스팅 조각, CNC, 레이저 조각
최소/최대 물량	1m² 이상 300m² 이하
최소/최대 규격	최소 10×10mm, 최대 3,000×2,500mm
특징	LED 석재 패널, 바닥 조명 및 열주 제작
주소	경기도 고양시 일산동구 일산로 142 유니테크빌벤처타운 424호
연락처	☎ 031-901-7155 ✉ sanhatec@sanhasi.com
홈페이지	www.sanhasi.com

유니마블

가공 분야	표면 마감(연마)
주요 가공 기술	네팅, 레진, 연마
최소/최대 물량	연마: 100m² 이상 700m² 이하
최소/최대 규격	연마: 최소 600×1,200mm 최대 1,600×3,200mm(석종 따라 변동)
특징	대리석 할석기(갱쇼), 자동연마기 자동레진기계 보유, 업체 작업 위주
주소	경기도 이천시 부발읍 중부대로 1796번길 99
연락처	☎ 031-635-6226 ✉ unimarble@hotmail.com

히스핸드

가공 분야	재단, 표면 마감, 측면 가공 특수 가공(조각, 염색), 형태 가공
주요 가공 기술	N.M.C 침전 공법, 새틱 공법 매트피니시 공법
최소/최대 물량	1일 기준 1m² 이상 100m² 이하
최소/최대 규격	최소 100×100mm, 최대 1,500×1,500mm
특징	석재 가구 및 디자인 제품 개발
주소	경기도 이천시 부발읍 중부대로 1796번길 99
연락처	☎ 031-638-6861, 010-3644-1217 ✉ marblehishand@hanmail.net
홈페이지	www.marblehishand.com

참고자료

단행본
— 대한건축학회·대우건설.『건축기술지침 Rev. 2: 건축2』. 공간예술사, 2017.
— Edward Allen·Joseph Iano.『건축시공 및 재료학』. 이한승(역). 시공문화사, 2010.
— 조준현·조민석.『건축재료학』. 기문당, 2017.
— 안동훈 외 2명 지음.『건축재료학』. 예문사, 2017.
— 이공희 외 10명 지음.『건축 재료의 새로운 사고: Material_Matter』. 공간서가, 2018.
— 민병태.『석공사 실무기초』. 한국석재신문사, 2006.
— 최준오.『석공사 입문』. SEOWOO PUBLICATIONS, 2013.
— 오도엽 외 지음.『실내건축재료』. 지음, 2010.
— 함인선.『정의와 비용 그리고 도시와 건축: 근대 건축으로 한국사회를 읽다』. 마티, 2014.
— 김석윤 외 2명 지음.『제주체: 건축의 섬, 제주로 떠나는 현대건축여행』. 도서출판 디, 2014.
— Manfred Hegger, and others.『건축재료의 기초』. 이주혜(역). SPACETIME, 2012.
— Manfred Hegger, and others. Construction Materials Manual. Birkhauser, 2006.
— Gunter Pfeifer, and others. Masonry Construction Manual. Birkhauser, 2001.

논문
— 김재엽, 이웅균. "건축공사용 중국산 화강석의 명칭혼란 개선방안".『한국건축시공학회 논문집』, 2015, 15(1), pp. 81-87.
— 이춘오 외 4명. "국내 석재산지의 지역별 분포유형과 특성".『암석학회지』, 2006, 15(3), pp. 154-166.
— 한상수 외 2명. "석재의 산지유형에 의한 석조 건축물의 이미지에 관한 연구".『대한건축학회연합 논문집』, 2004, 6(4), pp. 9-17.
— 강종희. "화강암 석재 개발과 활용에 관한 연구: 거창 모둥석 사례 연구". 경상대학교 대학원 박사학위 논문, 2015.

웹사이트
— 석공사업협의회 www.kswc.or.kr
— 신흥스톤 www.shstone.co.kr
— 아키데이터 www.archidata.co.kr
— LG하우시스 www.lghausys.co.kr
— 일신석재 www.ilshinstone.co.kr
— 토탈석재 www.totalmarble.com
— 한국석재공업협동조합 www.kostone.or.kr
— 한국석재신문사 www.stonepress.co.kr
— 한국인조석가공업협동조합 www.kssico.or.kr
— 한화L&C www.hlcc.co.kr
— ARUP www.arup.com